U0063461

BIOS monthly

專訪選集 2021

# 郭佩萱

## 麻煩再爛一點

～～

原專訪刊載於二〇二〇年九月三日　受訪者回顧於二〇二一年九月二十三日

## 迷出一條路

一名女子，就只有她，站在台北某一條路邊哭。那是二〇一〇年，剛從高雄北上的郭佩萱十八歲，不知道自己在哪裡。「真的，我那時候就真的哭出來，想說台北到底是怎樣，為什麼公車那麼多？根本看不懂要去哪裡。在高雄，我們家附近只有一班公車，只有一個號碼。我只需要坐那個號碼、去它會到的地方。」

那時，輔大旁還沒有捷運站，郭佩萱手上也還沒有智慧型手機、沒有 Google Maps。但這些並不是當時的她時常迷路的全部理由。爸媽都是老師，高中大學都上第一志願的哥哥受到的管教還稍微鬆一些，郭佩萱卻連去離家最近的 7-11 次數都用手指就數得出來。她數學不好，考高中時分數剛好在雄女門檻，但單科沒達標，進了高師大附中；填大學志願時，文組的她順著父母的意，把政大每一個系都填上了。心想：好，志願表前半部就讓給你們，但政大以下要是我要的。

然而，她終究沒有鐵了心。說是自己想要，手仍默默照著學校分數高低把眼前的岔路排了順序。想走藝文、傳播相關科系，而輔大分數「對家長而言還是比世新高」，因著這樣一份隱隱願意降順上一代期望的念頭，郭佩萱進了輔大影傳。

回憶起來，彷彿一直都不是她選路，而是路選她。但，無

論高師大附中還是輔大影傳，都用意想不到的方式結束了郭佩萱的階段性迷路——進高中第一天，她看見如今是大象體操吉他手的學長張凱翔坐在樓梯間大彈大唱，覺得這個人是瘋了嗎？然後又覺得，這樣很帥呐。

「我是因為他才決定加入熱音社的。那時候入社還要筆試加面試。」

社長張凱翔出給學弟妹的其中一個題目是：你覺得音樂可以改變世界嗎？

「我那時候覺得，如果要說可以拯救世界的，就是像他這種人。」二十八歲的郭佩萱說。

如果不是張凱翔，她人生看的第一場演出可能不會是滅火器加馬猴的不插電。從小學古典鋼琴的她，可能也不會成為社內的吉他教學，和現在大象體操的鼓手涂嘉欽組團；沒有這份和音樂的聯繫，說不定兩年後成為她高中學弟的Leo 王與她便少了一些話題。要是 Leo 王與她因此稍微疏遠一點，郭佩萱的 MV 導演之路就不會開始了。


**反作用力**


剛上台北就在路上哭，也不是突然。讀過高師大附中／師大附中者，或許會懂得附中病的滋味，何況郭佩萱的附中

經驗是和將來的大象體操一起度過的。高師大附中校園就在高師大內，高中部脫掉制服走出校園也不會有人管，大學部搞什麼事、高中部也都看在眼裡。等上了大學，許多附中人發現同學瘋的事情自己早就瘋過，難免曾經滄海難為水，其他新生對大學生活滿是新鮮與過份積極的表情，讓見怪不怪的附中生反而顯得是異類了，「他們到底在 high 什麼？」

外人看附中病離群索居，其實那症狀本質只是物以類聚。「我會說自己在系上很邊緣，但我說的邊緣，是不覺得有人跟我興趣很像。所以我一直往外跑。」大一大二，她到遠在輔大十二公里外的早秋咖啡打工，只因為覺得和自己有連結的是早秋的人。「就逃去那個地方。比較不想待在學校。」

郭佩萱：現在想起來，那種想要保持距離觀察的邊緣感，可能來自沒有安全感及自我保護，以及總是過於敏感太在意人的想法，無限膨脹自己的想像等，覺得與人相處很負擔。近期上了一門 Meisner 表演法的課，主要是在強調當下情感的交流，放下一切想法專注在觀察和表達當下的情緒，也在表演的時候發現自己有情緒太投入無法抽離的狀況，在練習停止時仍然無法停止相信演戲的設定，心情無法完全平復可能持續了半天以上……也因此開始思考即時投入即時放下這樣的課題，可以無懼真實地與人交流，也知道如何適時保持距離，是現在想達到的狀態。

近三年，因為作品，她被冠上「怪奇」「鬼才」「khiang」的標籤。她自己卻後知後覺，大概因為習慣了這種遠。二〇一七年和鄭宜農到紐約拍片，脖子掛著相機，嘴上抽著草，迎面兩個男人走過來邀請她到一座陸橋上幫他們拍照。她不疑有他，沒想到一上橋就觸動警鈴，NYPD 圍上來，若非她一臉無辜觀光客，就被帶走了。「怪人怪事吸

引機」，郭佩萱那陣子在 IG 貼文上這樣自稱。

「我那時以為紐約就是這樣的一個地方，結果宜農說，沒有，她之前在那邊，完全沒有發生這種事情。」

直到最近，她才開始懷疑怪事聚攏和自己有關，「我就問凱翔說，會這樣，是不是因為我自己也很奇怪啊？凱翔就說，妳是現在才發現嗎？」

說起來，這倒是附中病識感中迷人的一塊了：我並不奇怪，我只是做自己，結果讓別人覺得我奇怪罷了。

「我認為每個人的本質都很怪，差別只在有沒有表現出來。我真的有很怪嗎？我覺得大家說我怪的時候，都還是把怪當成某種『潮』；但真正的怪，比如說在公園對著樹打拳的阿伯，那種怪是沒有人理解的。」自我風格的展現，在郭佩萱的尺度裡算不上離奇。

那麼她的風格何來？其中一支脈絡仍與離家有關。自稱高中畢業之前在家中「像照著課本過活」，北上就學獨居脫離管教，郭佩萱一口氣大解放：「我想要看這個世上所有負面的東西，看 B 級片、變態的片；網路上列的什麼十大禁片，我全部都要找到、我就是要看。從書上找那種最黑暗的東西……」除了打工，她就窩在沒有對外窗的租屋看片，分不出白天夜晚。作家言叔夏在散文裡寫過看電影到日日不見天日，反正我很閒鍾佳播談他那醒來看片睡著做

夢的大半年，竟與郭佩萱的大學生活不約而同。

## 爛也是演不來的

另一個脈絡，則是自卑。

各地交通各有潛規，郭佩萱摸不透市民大道和忠孝東到底哪邊不能騎機車，傻傻騎著騎著，好幾次被警察攔下。偶爾上錯橋，機車下不來，一人一車在陣中不知所措，卻又不能停下，因為停下來更蠢，更危險。安全帽下表情淡定，是不得不。

她的台北騎士經驗既是真正發生的處境，也是處事的隱喻。「在台北會有某種自卑感，某天發現潮流不是自己想的那樣，發現我的 fashion、設計感，根本和別人不同。猛一回頭，發現自己 sông sông 的。一開始，我會覺得很痛苦。」

可是不能停，停了更蠢，「後來在 MV 創作上，我知道要創造精緻的美感要有很強的美術，但隨便一個設計科系的人都可以做出比我漂亮的 MV，那我的 MV 到底好在哪？我需要的並不一定是把自己變得和別人一樣。我需要的，反而是誠實這件事。」

「怪怪的，爛爛的，但又好像沒有完全那麼粗糙。想著：

算了啦，就這樣啦，雖然很爛但照樣弄出來……到了某個程度，反而覺得，欸，好像那個東西打到人了。」

團還是有在聽，但影傳系學生畢竟要拍片。原想繼續玩團的郭佩萱沒有足夠的時間，在大學中後期以拍攝短片為重心。以為會與音樂漸行漸遠，高中學弟 Leo 王這時正好從巨大的轟鳴轉戰饒舌，找上她拍影像作品〈唐伯虎點秋香我點蚊香〉，場景就在郭佩萱住的地方。

總成本新台幣三十二元，用來購買兩大張綠色的紙，貼在她房間牆上當綠幕，燈光用家裡的檯燈打。

「我那時候就想說，好，沒錢，要爛我們就要爛到超屌，把爛東西全部弄上去。那不能單純說是裝作嚴肅或刻意幽默，主要還是那份真誠。如果妳有一點點意圖精緻、做作的感覺就會滲出來。」

台北人生哲學，也是導演心法，騎錯橋也要騎下去的覺悟，仍能從郭佩萱如今的作品中見得。在她的 MV 裡，雖然會採用實景，但在美術或取鏡上，畫面往往並不極端寫實，留有刻意讓觀眾感到非寫實空間的破綻，例如〈你朝我的方向走來〉中半實半虛的電影院票口，例如〈Hotel〉中亦真亦假的日式庭院。

〈你朝我的方向走來〉MV ｜郭佩萱提供

演員的演出，也被調整在類似的狀態，一方面在早期案子經費不多，讓素人或音樂人親自演出能有效壓低預算，另一方面，素人演出的不協調感，與上述郭佩萱的影像美學確實相得益彰。

這一點，也影響她撰寫拍攝腳本的方式。

「比方說，希望在某個地方有幽默感，但我們知道素人一定沒有足夠的演技去表達劇本上寫的『幽默感』，所以我很習慣腳本寫得很清楚、很簡單，簡單到會告訴演員『這個地方你要用某某動作拿水起來喝幾口』這種地步；這種情況下，演員並不需要知道太多情緒，我會來掌控所有動作銜接起來的效果。反而如果是有經驗的演員，他們對腳本上的動作和情緒都有自己的想法……這時如果他們的演技沒有到最佳，很容易兩面都顧不好：既沒有素人做不到動作時那種可愛的不知所措，也沒辦法表達腳本要的感覺。」

「樂手來演戲，現場可能會尷尬，所以那個東西才好笑，因為那是真的，不是演出來的，」郭佩萱說，「但硬要演尷尬卻演不好的時候，後期再怎麼剪，都不會好笑。」

她常常對大家說，拍演員最可怕的，就是卡在中間。

郭佩萱式的爛到極端，成了她的招牌。最近找上她的業主，不少指定要這樣的風格。今年中，Leo 王發佈的其中一支

郭佩萱：也許年近奔三，理解到創作也來自擁有自己需要的生活舒適度，就是賺錢啦！最近話題甚至會聊到退休需要存到多少錢。而賺錢就不免得付出妥協，能夠堅持風格之處真的相對少很多，以前很執念地覺得妳是什麼就一定要做出什麼，但為了身心健康漸漸發現不是每件事都適合這麼做，雖然現在有時很自豪地說，我現在可以創作和工作分開了呦，轉頭也還是為了妥協傷心傷神，不知這樣的平衡會拉扯到何時，也想到過去的我看到現在的我拍的某些東西一定覺得很遜，但現在的我也會回嘴：妳懂屁啦！

新曲〈時間的奶昔〉，郭佩萱第一次玩 3D 動畫，就挑戰將動畫中的破圖和失真玩到最底。製作時，她站在動畫師螢幕旁，下的指示是「做爛一點！再爛一點！那邊太精美了，爛一點！」

## 一半同類，一半異類

今年，是郭佩萱的「草口未影像工作室」圓夢之年：拍到了偶像斑斑（林以樂）的作品〈假期〉，也因黃子軒與山平快〈Hotel〉的機緣

〈時間的奶昔〉MV｜郭佩萱提供

請到另一個偶像拍謝少年當演員，還讓拍謝的薑薑穿上女裝。七八月有時間受訪，是郭佩萱刻意排出空閒給自己。上半年實在太忙了。

那個曾在路邊大哭的少女，如今成了為了找工作室空間守在電腦前、凌晨三點一看到房訊馬上傳訊息、隔天直接衝到房東面前簽約的行動派。草口未現址落在中山區與大同區交界、獨立書店與五金修繕共存的巷弄裡，一整層樓的老公寓。陌生人來訪，第一句話總是問：這是妳家嗎？

熟人才知道，她是真的少回她真正的家了，有事回高雄時甚至會借住朋友的住處；與家庭的連結淺，郭佩萱的情感支持多半來自友人。自嘲人生會變成這樣都是因為小時候看太多王道漫畫，被灌輸了「在偉大航道上就是要有夥伴」的價值觀。她仍維持著附中人的風骨，縱然被當成異類也要持續尋找同類，除她以外，草口未兩位成員劉政瑋、徐廉傑都是她的大學同學，她開玩笑說是她們是系上唯一有電影夢的人；長期合作的服裝余冠儀是她的高中死黨，也是她少數交好的女性朋友。今年一忙，郭佩萱三番幾次想過擴編，但一想到需要適應不熟悉的對象，又決定再等等。

郭佩萱：因為疫情期間嚐到一段就算想做什麼也沒辦法做的、強制自己休息的時光，實在太爽，終於讓自己體會到不需要把什麼不必要的責任放在自己身上，好好搞定自己生活平衡是重要的，因此也確認與工作夥伴的關係變成有事互相支援，沒事就各自去探索自己的路，更開放的關係，但不管以草口未為名出品的作品出現機會會變多少，都覺得是種好的轉變也是成長的機會。

大多數案子，是朋友牽的線；偶爾拍到原本不熟悉的樂團，

拍攝前就盡量和他們聊天，也是為了先把他們變成朋友。「越熟悉的人，我拍得越好。真的就是這樣。」

「我的人生就是由朋友構成的啊。」被外界想像為特立獨行女子的她這樣說。

當 MV 導演，不能不說是受同溫層影響。朋友都在做音樂，所以她拍 MV。從她的職業足跡來看，自然會意外二〇一七年受訪時，她說自己的目標依然是拍個人創作。

她熱愛自己的工作，但，「在 MV 裡，我不是唯一作者，我跟音樂人是一半一半的。我自己不喜歡在 MV 裡把我放得非常重，影像導演太過支配一切、蓋過音樂，MV 就無法感動人。因為這樣，MV 裡我只有一半而已。還是想要建造自己的世界，表達出來。」

她並非一開始就曉得表達的方法。回到二〇〇八年的高師大附中。校園裡，熱音社的男同學常常「捉弄」郭佩萱，一個人架著她，另一個搔她癢。說是捉弄，郭佩萱是真不舒服，卻只懂得埋頭逃跑，連老師看到都忍不住對她說：我教妳防身術好不好？

「我後來覺得，這應該是因為當時的我不會表達我的心情。大家看我平常好好的，其實我對於人之間很細微的事情很敏感——如果今天他跟我玩，我生氣了，導致他尷尬的話，我看著他尷尬會比我自己尷尬還難受。而我沒辦法不看

到別人因為我而產生的情緒反應，所以我乾脆不表達自己的情緒。」

現實中內隱的情緒，只好反饋回虛構。「我認知到現實生活沒有辦法實現我的想像……我想像的世界跟現實是不一樣的。然後，我就會覺得，唯一可以實現我想像中世界的，好像只有電影。」

MV 是她回應同類的方式，而電影讓她往更深、或許連身在同類之中都不被理解的部份邁去。想起她的譬喻裡那位對著公園的樹打拳的阿伯，郭佩萱真正的怪，還沒有顯露出來。

這份執著，讓她即使忙到連續工作四個月，空閒時仍在想本。也是這份執著，讓原本想成為攝影的她改當導演到如今，「在業界，女生當攝影，意見會很不被看重；還有一些很現實的事，比方男生可以兩個沙包，妳只能扛一個，那沒有攝影師會找妳去當助理，妳就沒有管道可以摸索這個領域。我居然也做過造型欸！因為我是女的，大家找我幫忙，就是問我要不要做造型。」

只有在當導演與剪接時，她不會感覺自己被身體或身體所被附加的印象限制。

「導演這個身份，讓我覺得我在想什麼有被重視。這一點對我來說還滿重要的。」

### 真實是需要發現的

我想起她的作品中那些注視女性時的微妙視角：MV 裡，女性角色現身時常被郭佩萱給予慢動作、近距離特寫；同時，她會刻意展示女性身體帶有性魅力的細節或動作，

例如〈無病呻吟〉裡演員穿著護士裝甩點滴管、〈你朝我的方向走來〉中 9m88 以指節搔後腰、淺堤〈陷眠〉中冒汗的依玲啜飲紅茶冰的唇形，是性感，也帶點過份誇張化雄性凝視的惡趣味。

〈陷眠〉MV｜郭佩萱提供

問她，在作品中放入這些，也和身為生理女性有關嗎？她卻說道，其實她曾經恐女。

「以前不太知道怎麼跟女生相處。國中時有點懷疑自己喜歡女生，但後來知道不是……可是，反而是因為確認自己是異女這件事，讓我開始懂得去欣賞女性。因為有太多事情是生理男無法理解的。當我發現男性無法理解這些事之後，這一點又反饋到我以前恐女時那種『為什麼我不能當男生』的感覺。」

「倒不是說我想變性，或變成 T 什麼的，不是這樣。是我一直想要擁有很多男生會有的那種中二眼光。那種眼光是因為沒有體驗過社會上女生的遭遇才能保有的。我的作品很多中二視角，應該是一種彌補心態吧？我當不了中二的

男生，但是我可以去重現我想像中的那種還沒有被破壞的、看世界的眼中，應該是什麼樣子。」

她希望自己的眼光不要這麼敏銳，卻反而捕捉到了最微小的地方。許多地方，身為直男的攝影師沒什麼特別感覺，是郭佩萱在攝影機旁喊：「你要拍那個脖子！那裡男生會覺得很好看！你是性冷感嗎？」

她不時說笑，偶爾被當成哥兒們，想過最多以後，看起來反而像沒想過了。

「其實我是一個很嚴肅的人。在我人生最低潮的時候，我真的是會跟人家說我想死的那麼低潮。可是到了最底，我想到最負面的事的時候，我發現我的身體反而是笑出來的。聽起來很荒謬，但或許是一種自我防衛機制吧？然後我才發現笑這件事對我來說好重要喔，笑的時候我好像別人，像一個旁觀者，看所有痛苦都是鬧劇。」

發掘真實的途徑可以是誇張與虛幻。她說，她最喜歡的創作者都是能將現實和虛幻結合得非常好的人。「純粹的虛幻，是你腦中想什麼就是什麼；可是，真實是需要發現的。當對事物的了解深到一定程度，才有辦法將兩者結合在一起，讓人從腦子想的東西裡發掘出真實來。我還是想要保留我的想像世界，但建立在現實的基礎上。這是我現在想要創作出來的作品。」

那年她通過張凱翔的考驗，進了熱音社，是這一切的開始。
音樂能不能改變世界？十六歲的郭佩萱對著景仰的學長回
答：「人們所有戰爭、衝突，都是人類思想的發表。而音
樂，也包含了人類的思想。如果說戰爭可以改變世界的話，
那麼，音樂也可以改變世界。」

說完，她又試著逗我笑：我只有自己回答得好的事情，才
會記得這麼久啦。

**專訪一年又二十天後**

今年，她報名了一堂表演課，為了讓自己留在戲劇裡。疫情之後幾個月，她廣告接得多，不少業主請她拍「MV 式廣告」，事實上沒多少創作成份。不同的是，近來這些案子她常以個人身份加入團隊，不再用草口未的名義接下。這是她與朋友們今年聚在工作室裡一連討論好幾天，終於得到的共識。

「對我們而言，草口未更是一個偏向創作的團隊。現在我們更確定，不會積極想要把它變成一個大規模的狀態了。」她說。

二〇二〇年我們的那次訪談，讓她下定休息的決心。「在訪問裡，我發現同樣的問題一直在自己身上：賺錢的廣告丟不掉，但又很想要創作自己的東西；覺得這人真是夠了，要暫停一下。」然而周圍人群仍在行走，一個人不可能真

的停下。半年過去，她根本也沒多閒。到頭來是疫情強迫
她真的靜止。

「真的沒有工作了，那陣子每天起來自己煮飯，做運動，
看想看的影片──好快樂，快樂到真的去思考說，我真的
需要的生活是什麼？我真的必須照顧大家嗎？」那正是她
二十九歲的第一個月，低頭看看帳戶，發現這幾年下來只
能說沒賺沒賠，「沒有收入的同時會想，我真的為我想要
的生活準備好了嗎？我要怎麼去維持這樣的生活呢？」

多接廣告，是因為這樣想過一遭。那是長大，但長大也不
等於認命：「大家會覺得說，妳要維持夢想就是要在工作
的狀態和時間裡見縫插針，但那真的很難。報名表演課，
是我的掙扎。我在戲劇創作上還有想法、不想要一直在拍
廣告的狀態裡。」

她報名的這堂表演課上，沒有劇本，只有老師設定的情境：
兩個演員一組上台，其中一個先對另一個破口大罵，然後
彼此即興演出，看看會發生什麼。

其他同學都有演員經驗，上台之後熟練地拋接情緒成戲，或
是互罵，或是淚流。只有郭佩萱，上台之後被罵完，淡淡轉
過頭看著對方：「你為什麼要生氣？你要不要想一下你為什
麼會生氣？我覺得你生氣的行為可能的原因是……」

老師和同學們疑惑地看著她：佩萱，妳現在是在幫角色解

決問題嗎？

她也覺得這一切有點幽默，「演完，自己就想說，這個戲這樣演，真的有感人嗎！」

在課堂上處理問題的郭佩萱，很快發現自己並非不入戲，只是總對自己的現狀太專心，難以切換。一旦進入設定，她比誰都執著，「明明老師給的設定都超無聊的，什麼不做這件事的話會欠人家三千萬……結果我在台上爆哭停不下來，喊什麼一輩子都還不完了……老師叫我看看台下同學的眼睛，說戲結束了，但我下台還在跟同學解釋說這不是錢的問題……」台上生完氣，下了台竟無法和別人說話，得到教室附近的 IKEA 走一圈才能回家。試著練習把角色切開，恰如她試著在外部團隊與草口未之間的狀態切換：

「和外面公事公辦，知道別人辦事情的方法，還是有很多好處。因為以前不是從劇組開始磨上來，會很擔心自己摸出來的做事方法到底對不對；但和外面的人工作之後，發現說也根本沒有人要批評妳，沒有人會當著妳的面說『妳沒資格當導演』……到底誰會這樣說話？」

賺錢有數，心靈健康愛顧。「當然，出去之後再回到草口未拍片，真的覺得草口未果然是淨土。但現在，已經不會想著要把淨土變大。」

或許因為表演課的洗禮，切回草口未模式的新作品有了更

多的戲。例如問題總部〈心臟痛〉MV 中最後揭露的角色在肉攤處理的原來是人肉，例如溫蒂漫步〈讓我住進你心裡〉最後長大的女孩與模特人偶的重逢。她說，自己演了一遭之後，變得更想要把戲劇加進去、把演員加進去。過往多以「狀態」來詮釋音樂，如今的郭佩萱多了情節。

去年專訪剛刊出，她在社群分享時提到自己總是太常回頭去想。「每次對話結束，回去就會想說我剛剛講的話有哪裡不夠好、不夠完整。」年中休息期間，她回高雄老家，母親翻出她大一時的報告，題目是介紹自己。

「我看了一看，想說自己以前也太 EMO 了吧？劇本裡面寫什麼在路上被車撞啊、躺在床上想著要變成不同的人啊。」那時把指甲塗黑彈著 Nirvana 的自己，在三十歲前夕成了呼喊心靈健康的人。我問是什麼把她變正向了？她說，變正向，是因為某些地方死了嘛。

「我覺得，三十歲就像零歲一樣。太過 EMO 的部份，我要讓它死掉了。」她說，「以前會覺得，我就是得想這麼多，不然怎麼會有新的發現呢？但現在會默念不要想、不要想，但也不是完全不要想，而是更主動去分辨哪些思考有幫助，哪些思考沒有。」

但她曉得這不是最後，「我有些時候從 A 到 B，之後也可能會再從 B 回到 A 也說不定，但這不是無意義的。再回到A 的時候，我身上會帶著一些東西。」

撰稿 蕭詒徽

攝影 洪以樺

**黃信堯**

只差一步的生活

〜〜

原專訪刊載於二〇二〇年十一月十一日　受訪者回顧於二〇二一年十月六日

「那椅子不能坐，他叫阿藤。」

藤編的椅子已經壞了，因為是朋友給的，黃信堯依然放在後院。「阿藤」這個名字也是朋友取的，送他時這樣說了，黃信堯就一直放在心裡。看著看著，阿藤頹圮如岩的姿態，突然也有點像藝術品。

黃信堯一家搬來前，這塊地只有荒涼，直到他種下花草樹木，如今成蔭。我問，那這些樹有名字嗎？他說，不要記名字，記了就有感情了。

「有件事一直很困擾我，就是修剪枝葉。」眼前一棵三枝分岔的樹，原先是筆直的，颱風過後長出杈枝，「我比較久沒回來，他長出來變粗，我就有點下不了手……現在長成這樣子，你已經很難做任何改變。」其實也不是真的沒辦法，就是要痛下心來砍，而黃信堯就是做不到。

「所以妳看我的欒樹，已經都長得亂七八糟了，其實都應該要修剪，但我就是下不了手。如果他有名字的話，更慘。」

黃信堯：分解了，上個月剛好我爸的傢俱要丟，我就順便把它丟掉。

其實他東西不多。今年我爸搬進來，八十幾歲了，就只有一些隨身物品，床、床墊、隨身衣物這樣子。但他很突然過世了。

又慢慢把東西清掉。人已經走了，我應該要讓他走得輕輕鬆鬆乾乾淨淨，他的戶頭、手機、Gmail帳號，前幾天才剛刪掉。手機我現在在用，變成我有兩支手機。

黃信堯：修了很多。主要是欅木啦，都長得比較亂，修完之後讓底下的也可以長起來，也滿好的。現在採光很好，之前都比較暗。

他的電影也總是出現那種亂七八糟的狀態，從《大佛普拉斯》到《同學麥娜絲》，欠修剪的人生，悲劇橫生於荒謬。主角們都知道自己活得滿是雜亂的分岔，只是，乾乾淨淨那種日式庭園模樣，不是破釜沉舟就能心想事成。

黃信堯一直記得自己曾連根挖過兩棵樟樹，想好好安頓他們。只是後來，他們都沒有活下來，「現在回頭看，人生就是會有這種狀況。」

## 捨不得丟

二〇一四年《大佛》入圍金馬最佳創作短片，雖未得獎，但身為評審的鍾孟宏很喜歡，邀請黃信堯拍成長片，因而誕生了《大佛普拉斯》。新作《同學麥娜絲》，鍾孟宏也擔任監製與攝影，在這幾年黃信堯被大眾看見的路上，他像推手，也是見證人。

鍾孟宏好幾次和黃信堯說，你太感性了。

「他都覺得我在那邊猶豫半天，比較沒有自信心，容易受人影響，不果決。」
『那你覺得是這樣嗎？』
「是這樣沒錯啊。」

從前黃信堯很喜歡撿東西，又捨不得丟。別人的廢物他常常覺得「應該可以用」，屋子因而堆滿各色雜物。液晶電視剛普及那段時間，家裡就有四、五台 CRT 電視，大大小小都有。他歪頭從床墊到沙發想了想，「傢俱類，我應該沒有買過，全部都是撿來的。」

我們眼前他日日泡茶的茶壺，原本只是朋友拍紀錄片駐點臨時買來用的，蓋子不見，拍完離開時就要丟掉。黃信堯不願丟，「我對這個壺有點情感，人生第一部紀錄片主角，他的壺就是這樣，長得一模一樣。他每天泡茶，就是用這個茶壺，形狀我都記得。」

那是一九九九年《鹽田欽仔》裡的欽仔。彼時黃信堯二十六歲，因參加社運被綠色小組啟發，也被紀錄片深深吸引，因而投入紀錄片培訓營，拍攝家鄉人與土地因工業區開發而產生的變化。專心拍紀錄片的日子，把先前工作的存款慢慢燒至見底，他去做汽車業務員，業績很差，還被扣錢。就讀南藝後生活依然困頓，一度北上去競選總部打工，才買下自己第一台攝影機。

有了攝影機之後，他開始不停、不停地蒐集。沒什麼特別目標，就是拿著攝影機對準身旁好友練習。他們最常在台南長榮路的泡沫紅茶店「自在軒」裡消磨時間，好友間悲傷的快樂的配茶故事，被討債、要結婚、想買房，一一被黃信堯撿拾起來。「他們覺得我莫名其妙，就一直姦撟（kàn-kiāu，常俗寫為訐譙）我，幹喝個茶、你在那邊拍？拍久了他們也不想理我，就麻痺了。」

後來，其中一位同學發生了意外。過去他拍下那些看似無用的片段，突然都有了意義。

研究所最後一年，他把七年間的練習片段剪成《唬爛三小》，完成一部紀錄片，那是給朋友們、也給自己的紀念。「原本不是素材，突然就變成素材。《唬爛三小》我覺得是個意外的作品，到現在還是這樣覺得。」十五年後，這些朋友也和黃信堯一起邁向中年。《唬爛三小》後來怎麼了？被他寫成劇情片《同學麥娜絲》。

改編的起心動念，卻來自黃信堯自己的意外。

「金馬得了獎，有更多感觸，也會想說如果今天沒有拍短片《大佛》、沒有遇到鍾孟宏，自己的人生會變怎樣。因為拍了短片，有陣子非常非常不好，會想說到底為什麼要拍那個短片？」《大佛》一度讓他負債累累，隨之而來的長片，卻將他推往高點。老朋友們嚷嚷著要包場，頒獎典禮那天，甚至有兩個高中同學因緣際會來到現場。「他們說，看了實在是很感動。我就開始覺得，好像開始該回頭看看這些同學。我覺得也是反省自己的一個方式？探索、想像自己的一些樣子？不知道……」

《唬爛三小》裡，黃信堯的聲音時常從鏡頭後傳來，與被拍攝人物一同笑罵，有幾幕甚至從鏡子裡直接現身。而在《同學麥娜絲》裡，他依然如紀錄片導演般與角色對話，當角色的遭遇與真實友人時空重疊，黃信堯也像是在飾演後來的自己。

## 無法跳脫輪迴的我們

這位磨蹭完所有人、坐在訪綱上的是「喵 b」，今年一歲多，在《同學麥娜絲》開拍前，出現在黃信堯的生命裡。一開始家裡出現一隻黑貓，他稱為「喵ㄟ」，過兩天換牠出現，就叫喵 b。電影開拍前，黃信堯發現附近會來玩的貓狗都不見了，只剩喵 b 身體被狗咬爛，身側還有燙傷，皮膚潰爛，送醫開刀住院到電影殺青後才出院。

「電影拍完了想說有沒有人要收養，養著養著，就想說，好啦不然自己養也可以。」

如果說「捨不得」形塑了黃信堯作品裡柔軟的那一面，偏偏，他所見世界如此殘酷，血肉見骨，混生成一種特有的風格，像是角色「肚財」在外做回收被踐踏成唯唯諾諾，回房間裡，依然有被娃娃簇擁的時光。

他熱愛看眾生相，裡頭有人以直覺生存呈現的真面貌。去慕尼黑影展時他一個人在長程巴士站坐了一整天，看著人群幾千公里的移動，點杯咖啡聽他們聊天，就算聽不懂也很有趣。龍山寺對面的廣場，他也可以坐一整晚，「你把耳朵打開，會聽到超多有的沒的。」這邊幾個阿伯在聊威而鋼可以聊兩個小時。那群阿伯議論旁門雜藥，說效果更好。阿伯們也談流鶯的故事，仔仔細細說她們身家背景，描繪起來像小說。

「還會聽到他們如何分配社會救助金。例如他就說，每個月錢下來他就先買幾顆起來放，分配預算比例，怎樣的時候吃半顆。就覺得哇賽，人在這種狀態下，對性這種事還是有所期待。」

從佛像到這次《同學麥娜絲》的台式教會，黃信堯的電影時常觸及宗教意象，但他說自己最想談的是被宗教禁止、卻明晃晃存在於世間的性慾，「宗教裡談最多的是什麼？生、死，還有性。神父修女出家人，不就是都跟性有關嗎？」這次四個主角，有人因慾望深陷桃色風暴，有人發現過往女神變作小姐，「我電影裡也都是談性，不是嗎？只是大家都避而不談。」

「這部談人生，人生就是貂皮鳥拉草，東北有三寶。」語氣太過平淡，我一時之間有點愣住，他自己接上，「人生就是柴米油鹽，車子房子，老婆、性、幻想、愛情。愛情和性有時候部份交疊在一起，然後慾望也會有。大家都是凡人啊，很多人會覺得自己很特別，但我覺得我們都是螞蟻，螞蟻那麼多隻，你分得出誰是誰嗎？以外星人來講我們都是螞蟻，只是我們自己覺得自己不一樣。」

這幾年他喜歡看量子力學的書，感覺科學與宗教殊途同歸。黑洞、大爆炸、時間與空間的維度，有時盤桓在他腦袋裡，於是我們居然也談起了諾蘭的《天能》、《星際效應》，「世界從有序往無序的地方去瓦解，熵增之後就是宇宙塌陷。現在科學家不是說，黑洞就是一個塌陷，宇宙

熱寂之後還會再一個大爆炸。那不就是一個循環嗎？連宇宙都無法跳脫輪迴，人如何跳脫輪迴？所以人，是螞蟻。」

《同學麥娜絲》裡劉冠廷飾演的「閉結」是做紙紮屋的，他有口吃，只有在夢中才會好。而夢裡他也時常遇到來請託的魂魄，人生最後一程的心願，閉結總是心軟熬夜完成。日日與生死相伴，黃信堯說，這個角色也如同《大佛普拉斯》的「釋迦」，以某部份的人生對應整部電影，從圓滿到消逝，走完一遭輪迴。

閉結與彩樺姊飾演的單親媽媽，有一段很美的感情，那是越過阻塞的言語而互通的相知相惜，幾乎是一種關係的理想型。黃信堯說，人生百態，有求之不得，也會出現這樣的關係。有人追求的是青春美麗與慾望，而閉結要的那種心靈相通，這點他年紀越大也越能體會。

「就像你養一隻和你合不來的貓，其實滿痛苦的。但你如果養了一隻和你合得來的貓，你就覺得人生很快樂。像我那時候撿到牠，有朋友還說牠長很醜。我就說，你才醜咧。」

喵b小跑步過來，靜靜坐在他身邊。

## 線上自在軒

閒結之外，鄭人碩飾演的「電風」工作能力很好，卻總是因為太過耿直無法升官加薪；施名帥飾演的吳銘添懷抱著導演夢，平日卻只能拍賣藥或歌功頌德的政治人物宣傳影片，莫名被招攬去作傀儡選議員；而納豆飾演的「罐頭」在吞藥自殺失敗後試圖再站起來，因此與他過去心中的女神校花「麥娜絲」重逢，卻發現她如今賣身為業。

吳銘添總是隨身攜帶一張差一碼中大獎的發票，提醒自己，離夢想都只差一步。每個角色於是跟進，對，我們的人生就是只差一步。黃信堯輕笑，「這種話你就常常聽到很多人講啊。做生意的人說，我就差你這張訂單、我就差這一百萬啊。金馬獎，我就差你這票，也有可能啊。選舉的時候也是，進軍國會，改變台灣，就差這席。」

「但那一步都嘛很大一步，比阿姆斯壯還大。」

描繪那只差一步的人生，若看過《唬爛三小》，可以看見其中一些人物的影子，像是電風買房時敲瓷磚地、罐頭在三溫暖吞藥等等，都從真實人物的經驗出發。不過，這些人與角色卻不是一對一的對應關係，黃信堯說，那是他所觀察到的中年男子群的打散與重組。

「我們高中同學有兩個 LINE 群組，看裡面會覺得說，幹，中年男子的台詞大概就是這些。常常會收到長輩圖，想說，

不是才四十幾嗎⋯⋯為什麼就在傳長輩圖。」除了柴米油鹽，抱怨老婆小孩主管客戶，也有些清涼圖配早安你好，像是線上的自在軒。原來自己這個年紀就會收到長輩圖，「你就會開始去想像，這些同學他們的人生是什麼感覺？」

「這兩年大家在群組會開始討論退休計劃。」
『真的嗎？已經開始了嗎？』

黃信堯：現在只剩下我叔叔會傳早安圖給我。妳知道那個困擾在哪嗎？因為只有他傳給我，於是我沒辦法從別的群組取得其他圖，變成我要上網去找早安圖，才能傳回去。

但我覺得叔叔可能有些想法。親戚裡面，我叔叔是最後見到我爸的，在他走前一個禮拜還有來。傳早安圖，表示我們都還在。

「我就是跟妳同樣的反應，真的嗎？我不是才開始努力工作嗎？人生還在爬坡階段，你們已經準備要踩剎車，要滑行了？有人已經可以退休了。」那會羨慕人家已經可以退休了嗎？「不會啊，有什麼好羨慕。感觸喔，這就是一個社會縮影啊。你同學，就是一個社會縮影。」

黃信堯在記者會上曾說，中年男子在大家心中似乎就是油油宅宅。我問，是否覺得中年男子被汙名化呢？他說，「沒有被汙名化啊，因為中年男子什麼人都有，也有變態的。」於是《同學麥娜絲》裡，也有中年男子直白暴露挫敗的慾望、有些不堪甚至讓人不適的畫面。

「我拍這個片子不是要為中年男子說什麼話，就像人家問我《大佛普拉斯》是不是為了要幫底層的人講話，我就說，我從來就沒有這種目的性，也沒有這種想法。我只是覺得

中年男子有一些苦悶，好像很少有電影去呈現。十幾年前日本失業潮時拍了滿多失業中年男子的故事，我覺得台灣也有台灣中年人的苦惱，我只是把那個故事拍出來。」

這麼一個忠實呈現異男魂、不帶濾鏡的故事，他也曾擔心無法顧及女性觀眾的感受。不過，他也一直記得寫《大佛普拉斯》劇本時鍾導的忠告：「他就有跟我說過一句話。他說啊堯，如果電影要顧慮這麼多事情，那電影就不要拍了。這句話一直在我心裡，我們拍電影不是要做好人，是要講一個故事。這個故事可能沒辦法滿足所有人，但我們就是努力把故事說好。」

每部片子有每部片子想講的東西。那年與《大佛普拉斯》一起入圍金馬的還有《強尼·凱克》，黃信堯說，「有些人覺得我很『鄉村』，那像《強尼·凱克》很『都會』，我就覺得這樣很好呀，每部電影都有自己的位置。」有人看《同學麥娜絲》了解中年男性的唬爛與悲愁，有人看《孤味》發現世代女性的難處與倔強，他也覺得很好。

### 我的樹根

黃信堯說，如果我們是五年前來，房子是很不一樣的。那年金馬獎後，他改變許多，其中一個改變，是開始可以丟。滿屋子的雜物，有些捐給勵馨基金會做義賣，或請附近做回收的來收，「好像幫我的東西找到一個出口。」

這是怎樣的改變？「這我不太會形容，但我覺得會比較輕鬆。」《唬爛三小》之後累積的，他在《大佛普拉斯》、《同學麥娜絲》之間慢慢丟棄，預計這次電影宣傳期走完，要再丟一次，「有些東西，第一次捨不得丟，第二次可以丟。或是第三次、第四次，你終究會把它丟掉。所謂丟的這個意義是在於說，我知道我不需要它。」

他在《同學麥娜絲》裡的自我省視，或許是觀眾難以覺察的，「我有省視自己的部份沒有放進電影裡，是因為我覺得那是我自己的事。電影最重要的一點，還是要和大眾對話，人家花這麼多錢，我覺得還是希望拍一個可以和大眾對話的，自己內心想的，自己知道就好。」

劇情片拍一拍，他也會懷念紀錄片。《大佛普拉斯》之後，他主動去和公共電視合作紀錄片的案子。「劇情片對我來講是對外的，是我對世界溝通的方式。這幾年的紀錄片，對我來講是比較內心。」《帶水雲》、《雲之国》到《印樣白冷圳》，黃信堯的鏡頭常常遠觀地景，將人物抽離敘事，只留下自己，對著山水海洋說話。

「很多人可能會說看不懂，但我覺得那是我比較內心的部份。」

講一講自己也覺得好笑，雖然兩部劇情長片都在金馬大放異彩，他喜歡的紀錄片幾乎連入圍都沒有，「有人問我說怎麼沒投，我說我有投，只是沒進。」有些評審認為這不

是紀錄片，有人不喜歡這個風格，黃信堯淡然，「你的內心，可能別人也真的不懂。但那就是我自己拍，我覺得，也還 OK 啊。」

需要和劇組緊密合作的劇情片拍攝，也讓時間刻度確實地出現在黃信堯生活裡。

「以前沒有什麼時間觀念，也不喜歡戴錶。以前真的很扯啊……拍紀錄片的時候開車去南投，開到一半打給對方說，欸我兩個小時後到。他就說，沒有啊，你是跟我約昨天捏！時間觀念很差啊。」還有次學校約他去演講，他車都開到台中了，才發現其實是下個月的這一天。

「現在拍電影或拍廣告，都是幾十個人啊。你慢半小時很誇張，你就不會讓自己遲到，時間到要放飯、要收工、要幹嘛。有的時候還是會落漆，但你還是，盡量。」

從《大佛普拉斯》到《同學麥娜絲》，「盡量」的日子裡他惦記著要拍的那部紀錄片，主題很抽象。「我也不太會講，就是……例如說，前陣子我跟人家說我想拍樹根，但樹根你又拍不到？你覺得你有看到，但其實你沒有看到。」

黃信堯：我現在沒有要拍樹了，至於到底要拍什麼，我也不知道。

黃信堯說，自己每次從台北回來，推開鐵門，都會和樹說，我回來了。「樹還是有能量的啊。不是說其實你跟你的植物相處一段時間之後，你們其實有情感，植物有個能量波，

當你快回來的時候，他們會有感應。」

「我自己是認為萬物皆有靈，好的壞的對的錯的，不知道。那就是生命啊。」

訪問結束後，他與喵 b、和欽仔同款的茶壺一同安坐著，確認手機。或許裡面又有一張晚安清涼圖，而黃信堯也總是笑笑著看。生命本來就是自己的樣子，他只是記錄的人，不是評斷好壞的人。

**專訪十個月又二十五天後**

距離七股家二十分鐘車程，多了個倉庫。去年開始他慢慢
把東西從家中搬來，甚至有一艘獨木舟，想著，哪天如果
住在河畔或漁港，可以出航。也把家中許多櫃子都清出來，
藤的、木的、鐵的都有。

櫃子放倉庫，是一種預防手段：「你只能用這種方法逼自
己，沒有櫃子，就不會放東西。」

「其實是你們訪問完，我就開始在想這件事情。我覺得我
要整理我的生活，我住的地方也要整理。」於是終於能夠
整理庭院。去年金馬結束後的空白期，剛好是適合修剪枝
枒的冬日，一枝枝鋸下，因而有了過冬的柴火。

這裡不只是他和喵 b 的房子了。今年稍早，父親從安平家
中搬來和他一起住，卻突然離世。而後母親搬了進來，加

上在附近工作的外甥，屋子裡多了一些，也少了一些。他把最大的房間讓給母親，自己的床搬到次臥，結果床太大，門就這樣卡住，想關也關不起來。

走道、房間、車庫裡清出來的東西放進倉庫裡，不直接丟，也就是一個念想，或許什麼機緣下還會拿出來用。安平那間房子空出來，好像可以變成一間民宿，至少有點收入幫忙繳貸款：「我原本連名字都想好了，E-mail 也都註冊好。」

黃信堯的民宿命名為「喵 b 三皮乾」，除了先前登場的喵 b，還有曾陪伴他的動物們：「三」是之前養的兔子「三隻小白兔」（這是一隻兔子的名字），「皮」是貓咪「柚子皮」，「乾」是貓咪「龍眼乾」。

生命常在荒涼處相遇，名字再不好記，也都是對此的紀念。叔叔在高雄開二手車行，當年還沒斷奶的柚子皮被丟棄在路邊，車行的人撿到，他們才展開相伴八年的生活。有段時間叔叔也經營檳榔攤，紅燈時停下來的車子裡，隱約看到散熱孔中冒出一隻腳——打開引擎蓋一看，是大腿已嚴重灼傷的龍眼乾。黃信堯從台南到台北四處尋醫，只有台大動物醫院願意收，清創一個多小時才救回來。

而「三隻小白兔」其實是一隻黑兔。

黃信堯養過好幾隻兔子，第一次就是這樣一隻巨大的、孔

武有力的兔子，南藝唸書時，據說「三隻小白兔」常常在宿舍裡裝可愛討食，又嚮往自由，後來融入附近山裡的野兔群，就不回頭了。他感嘆，成家立業了啊。

很少人知道，他曾在紀錄片《帶水雲》光碟內側刻上一行字：「三隻小白兔是一隻黑兔。」如果不知道南藝宿舍兔兔風聞錄，恐怕覺得很有哲學意味吧。已經消失的蕃薯藤部落格，黃信堯也取叫「三隻小白兔的影像世界」，簡稱「三小世界」。

民宿終究沒有開成。銀行流程一趟趟跑下來，有點分不清借的錢多，還是還的錢多？加上疫情爆發，索性放手賣房。倉庫裡那些蓄勢待發的傢俱，於是又留了下來。

天氣漸涼，一年過去，又快到了修剪的季節。

《同學麥娜絲》感覺像很久以前的事了。我們聊最近的他，不知不覺多了配音工作，一支廣告講出全家便利商店店員心聲。他也出現在鍾孟宏《瀑布》裡，演一個量販店店員。盧廣仲〈自我的介紹〉MV 裡他則是黑道老大，爸爸般看顧手下小弟，甚至拿出一包錢給小弟讓他照顧媽媽。

繼續修剪，或許另一個自己會浮現。過往熱愛懸疑、兇殺劇的他，這段期間著迷的卻是《絕味之路》，「故事好簡單，好療癒。」主角開車到遠方，並不為 Google 評分多高、口耳相傳的名店，而常常轉彎進巷內，尋找一間不起眼的、

充滿日常痕跡的閒散小店，吃飽，滿足地回到工作崗位。

旅行的他也是如此，走在日本街頭，挑一間門口餐點模型最落漆的店，走進去不一定有英文菜單（啊堯：反正英文的我也看不懂）。「我就是很喜歡去那種破破爛爛的店，可以感受到店裡有很多故事。」

每一集去一間小店，吃一道安靜的料理，《絕味之路》散發一種純粹感。「以前會覺得這個製作比較粗糙，現在不會，就覺得好療癒喔。如果有機會拍影集，我想拍這種，一個單元二十幾分鐘，下完班，看個兩集就可以去睡了。」

網劇找上門，有意與他合作鬼怪、警匪等受歡迎的劇種，但似乎很難達成共識。「就想說，也可以找一些醜醜的演員來演⋯⋯那其實是一種貼近感。」三隻小白兔的影像世界，破敗的、簡單的、療癒的。

也著迷《本田小狼與我》。動畫裡，高中女孩無親無友，是某日突然動了念頭，買下一台本田小狼。騎著 Cub，突然感覺自己不再是一無所有——那一刻，他也很想買一台金旺。無論怎麼丟，不至於一無所有。

撰稿 溫若涵　攝影 潘怡帆　特別感謝 邱承漢

**巫建和**

不斷剷平的自己

〰

原專訪刊載於二〇一九年十一月一日　受訪者回顧於二〇二一年十月七日

「你有聽過一首歌,叫〈把我自己掏出來〉嗎?」

〈把我自己掏出來〉收錄在趙一豪《把我自己掏出來》這張專輯,一九九〇年誕生,是台灣最後一張被查禁的專輯。音樂與吶喊、聲音轉渡至趙一豪的呢喃:「感覺心虛因為自己就在裡面,伸出我的雙手要把我自己在你的面前掏出來。」

「我演戲大概也是這樣。」他寡言,疏冷。

專輯發行那年,巫建和還沒有生出來,是在國中時聽到這首歌。他小學三年級時也在英文課上唱過〈Life's a Struggle〉。「我那時大概都在聽這些⋯⋯但我也會聽S.H.E,我家裡有兩個姊姊,我們會一起合資買唱片。」他偶爾笑的時候,像男孩。

他在許多九〇小孩都有的記憶中長大了。十七歲,巫建和因第一部戲《牽紙鷂的手》獲得金鐘戲劇節目男配角獎,隔年又因《他們在畢業的前一天爆炸》獲迷你劇集電視電影男配角獎。後來,巫建和接戲的速度慢,一年大概兩部戲,大家都知道他會演,他的演技甚至安靜到讓人覺得理所當然。他戲路走得慢,是想走得長,慢除了是必須把我自己掏出來,也是不想再演洪成揖了。

## 你沒有鬆懈的理由

《他們在畢業的前一天爆炸》結束後，戲約很多，都是找
他演不良少年。「那時我不會覺得自己是一個演員。」巫
建和跟所有演過的叛逆角色相距甚遠，他人很平靜、少有
情緒，壞到深處無怨尤的角色一直來，也開始懷疑自己的
演員未來。「拍第一部片跟第二部就得獎，你並不會覺得
自己很專業，都還沒學到什麼東西，只會覺得那個劇本很
好，導演跟工作人員幫助很大。」

好一陣子，巫建和想離開台北：「像我本來就沒有什麼演
員朋友，大概就劉冠廷、姚淳耀，可能我們都是外縣市來
台北工作的，就會一起吃飯聊天。」他說如果生活還要聊
演戲的事，你不覺得很無趣嗎？

彷彿跟世界慢熟，或者刻意調整與他者密合的角度。

「那時候我會一直很想要回去。」巫建和的父親看懂兒子
隨遇而安，篤定他要是一回去，就再也不會演戲了。大學
畢業那年，他去面試張榮吉的《共犯》，遇到了 casting
錢小琍，「我會留下來，是因為她，她現在已經離開了。
當時我本來被安排演《共犯》裡壞學生那個角色，我就問
她：『我能不能演被霸凌的那個角色？』」

於是開演前，錢小琍與他慢慢磨，去建立巫建和拿下這個
角色的合理性、磨出黃立淮的深沉與陰黯。「當時她跟我

說，你一定要繼續演下去，那個對我影響很大。」

這也是他選擇繼續做演員的理由。

「我現在演戲，會一直想為什麼我現在人在這裡？不斷反推自己，我以前就是一個很平凡的學生，只是喜歡看書看電影，後來練散打，然後我去演戲，而我現在坐在這裡被訪問，是什麼機緣把我推來這裡？」

他自問自答：「遇到對的人吧。我一開始拍戲，都是遇到一些不是用制式化表演的人，許肇任導演、呂蒔媛編劇，建立我的觀念：表演就是要玩，要做不一樣的。如果說我有叛逆，應該都在表演上。」

他的第一部戲同樣遇到了在《陽光普照》中飾演媽媽角色的柯淑勤：「你只要看她們戲演得那麼好，在現場是這麼戰戰兢兢，也不可能用手機……你沒有理由會覺得自己可以鬆懈，你一定要全力以赴，更專注，把事情做得更好，就是這種累積，把我推到這裡。」


## 派不上用場的那二三十種演法

《陽光普照》裡，巫建和飾演因為犯錯進入少年輔育院的阿和，面對他宣稱只有一個兒子的爸爸、成績優異零缺點的哥哥、總在中間穿針引線的媽媽，阿和有么子的驕縱與

骨氣；看著與自己糾纏的兄弟菜頭，又有怯懦與戰戰兢兢。整部電影都在談「把握時間，掌握方向」、陽光與陰影相生，巫建和寡欲如常：「勝負都是別人定的，阿和只是把日子過下去。」

這次拍戲，他們讀本只看三場戲，「導演希望不要特別設定，把所有感覺放在拍攝當下，我也都是完全看劇本，慢慢進入。」

「每次拍戲都會準備二三十種演法，好玩的就是，你絕對不會演那二三十種。」

巫建和說，這是他最喜歡演戲的地方，你不知道下一秒會發生什麼事，事情總會發展成意外的結果。「如果能信任劇組，導演也給你空間，就不會是那二三十種你已經準備好的演法，但，那二三十種不能沒有。」

準備好每一種演法，所有現場與故事背景的關係都想過了，「這就變成一個基礎，因此你可以在演那場戲時，把所有事情都忘掉，專注在那場戲。你怎麼可能會知道，導演喊開始之後會發生什麼事？」

他成為一個意外的演員。在《燦爛時光》演溫雅的李月儒，對同性的情意在肉搏打鬥時輕輕綻放；他用自身的溫吞與遲疑去圓潤《憤怒的菩薩》的明快節奏。好看的戲，需要許多意外。

《陽光普照》開頭有場戲，阿和面色凝重，一旁爸爸陳以文喊著要把自己兒子關到老關到死，對面就坐著劉冠廷怒視自己，「那個是⋯⋯你會覺得你真的犯錯了，情緒就是很自然跟著『啊，為什麼會這樣？』的感覺，眼淚流下來。」

他在《陽光普照》哭得很多，有一場戲，在家裡發生一件重大意外時，他人還在少年輔育院，午餐時間拉著便當推車，下坡路上越走越快，阿和奔跑衝刺向操場、失控大吼，他說這是對阿和來說情緒最重的戲。你當時心裡想什麼？

「跑。」

「很像《阿甘正傳》。原本劇本知道這件事後，阿和就在房間裡喝水，像平常一樣。像⋯⋯阿嬤過世，你不可能一聽到阿嬤過世就哭得情緒很激動，阿嬤過世很忙，你要趕快打電話給親戚、葬儀社。到頭七做完，真的回到阿嬤的房間，整理東西，你才會發現，啊，原來阿嬤有這個、阿嬤衣服的氣味是這樣⋯⋯」

跑，他想著飛出去，「出不去，是很痛苦的。」

### 我很喜歡那個一直剷平的自己

《陽光普照》從家庭展開每個成員的繁複心緒，他演時而被困的角色有感：「拍家很麻煩，不好弄。」

問他是不是因為進入角色難？巫建和說：「怎麼可能真正走進角色？你只能盡力去走近。」

與爸爸在超商遇見的那場戲，阿和說了一聲「歡迎光臨」，平實，卻在很多人心裡沸騰。「那場戲對我來說是整個背景被建構完成的戲，沉重也很溫暖，拍完之後，之後的每場戲都順了。」環境建構好了，台詞對他來說是活生生的。

家很難拍，是因為家就是這麼困難：「儘管你多討厭你的父親，但他終究就是你的爸爸。」

「有一場戲，是我在監獄裡，媽媽來看我。那場戲拍攝時，台詞都講完了，還沒有喊 cut，我回到跟自己媽媽相處的模樣，她問我想要什麼？我看桌上商品的 DM，就說『鐵蛋』。」這個鐵蛋，戲院裡觀眾都笑了。「這個反應是自然的，不是說每次遇到媽媽都很有事，你生活還是要吃東西、散步。」他演不是逼近真實，而是讓真實發生。

「阿和小時候，好喜歡坐腳踏車，常常我載著他，踩了兩三個小時都累了，他還想繼續。」──《陽光普照》

電影尾聲有場戲，阿和偷腳踏車、載著媽媽騎遠。「我當時想著，把自己活到最原本。那時候設定是小時候會去偷腳踏車，有一種人做壞事是做得很自然，偷是一個本能反應，他只是現在想要騎腳踏車，回到一個很單純的動機：你現在想要一台腳踏車載媽媽。」

踩在踏板上，腳踏車向前，光和陰影印拓在他們的身上，阿和回到了小時候跟媽媽在一起的樣子。

巫建和也很想念小時候的那個自己。他家住在平鎮，是桃園一個近鄉下的客家聚落，小時候常常看到爸爸或親戚把菸往地上丟，就撿起來抽一口，「這對我們來說很單純，就是偷學大人。我也很想念在田裡鋤草的時候。」當時他看了卡通《神劍闖江湖》，角色揮刀一直砍的爽感落在生活的田裡，在田裡鋤草時想像自己是那個不斷揮刀的角色。

「這讓我想到……長大以後，我們會一直思考要往哪個方向去，每次遇到選擇就會左顧右盼、要走哪條路、有沒有第三個選擇，做了會不會怎樣？但其實你什麼事都沒做。就很懷念那個汗流浹背的小時候。拿著棍子，不用想就是往前衝，把眼前的草全部剷平，我很喜歡那個一直剷平的自己，回頭看，你做了很多事情。」

## 用純粹的意志，做複雜的事

巫建和入行十年了。演員可以用許多經驗來回答十年間對演員觀的改變，他卻說：「沒有改變，就是把每個角色演好。它其實是一個很簡單的職業，一定不會有演好的一天，但只能想著下一次要演更好。」

他是一個盡力不看回放的演員。「只是喜歡演戲的當下，我並沒有喜歡看自己在螢幕上，那其實很赤裸⋯⋯你看了回放，想著等下表情怎樣，就沒辦法專注在那個演戲當下了，演時一直在想技術性的東西，其實已經不專心了。」

「我連《他們在畢業前一天爆炸》都沒看過。《憤怒的菩薩》這種輕鬆的會看，情緒比較沉重，看了很彆扭的我就不會看。」他看到自己就快轉，對於自己「飾演別人」很尷尬：「看螢幕裡面，怎麼看都不是自己，看到自己那麼用力去變成另一個人，很陌生，很奇怪。」把我自己掏出來，原來是一件難為情的事。

「加上一直看，你就會心中滿滿的悔恨，當初應該要怎樣才可以更好⋯⋯我們家都沒電視，我到前陣子才辦MOD。」爸媽會看你演戲嗎？

「不會，我們只會一起看八點檔。」

他是一個來去自如的人，戲的苦不會遺留在身體很久，只

是偶爾看到某個景色，他會想到，那個角色也看過這樣的景色，這樣淡淡地，跟角色遺留的記憶一起生活，這樣的人，是入戲太深，還是沒有入戲，不好回答。

巫建和談過幾次練散打的事。肌力、肌耐力、爆發力訓練，踢打摔、對練、模擬……，散打是一項很複雜的運動，但巫建和最喜歡它的純粹：「我喜歡它很單純，上去就是你把他打死，或是你被他打死，輸的那個就倒下來。」

他上場時，必須專注看著眼前的敵手，旁邊的世界模糊成大光圈的奶油旋鏡頭：「我覺得那種專心是回到人類的野性，狩獵時代人類以前是要透過暴力競爭，如果你不專注，你就會被打，你不想被打，所以要很專注地先把人家打死，所有的技擊運動都是在講人類最原始解決事情的方法。」

但勝負，他後來並不在意。拿過散打冠軍後，開始思考的並不是下一場冠軍，「這會變成我的功課，拿獎以後還要幹嘛？比賽三回合、一回合兩分鐘、每一回合間休息一分鐘，我都是要打這九分鐘、又那麼花體力、又會贏你，那我到底要幹嘛、在這場比賽要得到什麼？我就專注在我新學的假動作，或是試試看能不能十秒就讓你躺在地上，或者我可以誘導你做出什麼攻擊、我的回擊有沒有效。」

是不是跟你演戲很像？「嗯……如果都一樣的話，不是很無聊嗎？」他不愛勝負，偏愛風險：「還有個潛在危險，如果他真的不小心打到我一拳，我可能也會躺在地

上。我滿喜歡這種，很高壓的、你並不知道會發生什麼事的狀態。」

## 回去生活

戲演完後的副作用，不舒服，悶悶的，都有，「我不會說那是入戲，那只是狀態，殺青以後，就趕快回到自己的生活，該煮飯就煮飯，該喝一杯咖啡的時候，就好好坐下來喝。」像水泥質地的牆面不怕殘膠，又因為磨過呈現素胚質感。

這也是巫建和生活的樣子。他從很小的時候，一天只睡四五個小時。

「我以前早上六點睡，大概十點起來，現在十二點睡，早上四點起來。」一天的時間比別人長，他都在做什麼？「我會放空，煮咖啡，吃早餐，吃完早餐洗碗盤、去市場、看書。做什麼事情的時候就好好做，一次只做一件事。」

他依賴規律的生活，除了喜愛演戲的變動，其餘都要安穩。「我的生活很無聊，可能饅頭當早餐可以吃好幾年，換成蛋餅，又可以吃好幾年。」生活平淡，唯獨演戲是他的調味料。

巫建和下廚，是從離開家裡以後，他幾乎自己煮，煮了幾

次，發現自己番茄炒蛋的味道跟媽媽越來越像。他常常一邊煮飯，一邊看書。「我最近很愛看食譜，看王宣一的《國宴與家宴》，之前就看過這本書，最近拿出來回味。正在等菜要燜熟的時候，拿起來翻一翻。我也很喜歡看舒國治，以前有一些講老上海老北京的料理。食譜其實很好看，比如泡菜為什麼會發明，為什麼會有燒餅？客家人會什麼喜歡醃酸菜？跟它的文化跟戰爭的歷史、政治環境有什麼關係？」與巫建和的專訪中，問句比肯定句更多。

國小的巫建和，大多看世界偉人傳記，海倫凱勒、甘地。「有次我們學生辦圖書館出清、可以隨便拿書帶走，我拿了一本《我的黑兔傑拉克》，另一本是《魯賓遜漂流記》，看完那本書之後我才知道，世界上還有另外一種書，才會開始去看很多不同的書。」

就算是在重複的生活裡，他還是喜歡去了解他不知道的事，因此他什麼都讀，最近讀《繁榮的背後》，從經濟學觀看世界歷史中的起落。讀書以外，巫建和也看電影，他不太看院線片，通常看 Netflix、二輪戲院。小時候只看《唐伯虎點秋香》的他因為爸爸朋友送了李滄東《綠洲》得知這個世界還很大，「那種平平淡淡的、卻很痛苦的戲，我很喜歡，像《一一》也是，看完很像被雷打到。近年的話，《大佛普拉斯》，那個阿彌陀佛阿彌陀佛，真的……」

聊到電影跟閱讀，感覺還需要一小時的訪問時間，他喜歡麥可漢內克《愛慕》的艱難，也喜歡《飛越杜鵑窩》的不

羈，還有一種動作留在他心裡很久：

「《色戒》裡面梁朝偉走過去看到幾個阿姨在打麻將，湯唯說：『易先生，要不要留下來一起打麻將？』梁朝偉本來要走了，他就回頭，然後說：『好啊。』那個表演讓我印象很深刻，那個回頭就是……一個演員，他已經在裡面，可能我也是演員，我知道，那個回頭，真的很厲害。」

如何曉得一個演員回頭的重量，也許那就在他重複積累的早餐習慣、他丟掉的三十種演戲方法、他不斷揮刀鋤草的那個童年午後。

## 專訪一年十一個月又六天後

「去年在上海隔離的時候，我有忽然覺得自己朋友變多。」

那個平常很少回人訊息、也不太主動聯絡人的巫建和，在防疫旅館裡送出視訊邀請，嗨宋柏緯，欸劉冠廷。一直以來習慣他不聞不問的朋友都嚇到，但巫建和覺得，這樣不錯，「反而因為疫情跟隔離，讓我更想知道大家好不好。」

不聯絡的話，整個人基本上是冬眠狀態：「我到上禮拜才知道已經可以內用了。我本來就……我本來就不出門。原本以為疫情不會對我有太大影響，但真的完全連出門吃飯都沒辦法，會突然滿想念。」

他說自己是無聊的人。大家高喊多懷念出國玩，他只是淡淡地：「我不喜歡坐飛機，也不喜歡規劃去哪裡玩。到哪對我來說是一樣的，風景那些，都是一樣的。」

不過，房間牆上有張海報，那是二〇一八年一趟自主出發的日本之旅帶回來的紀念品。

東京六本木森美術館，「週刊少年 Jump 展 VOL. 2」集結了九〇年代經典漫畫幕後，一走進去，《灌籃高手》片尾曲響起，「あなただけ見つめてる——」

「我就，喔！很感動！會想起小時候電視還有木門，那個要拉開的畫面。那是我覺得最感動的地方。」童年週末放假時，表哥表姊一窩小孩擠在電視前，比情節還讓他懷念。於是從日本帶回《七龍珠》和《灌籃高手》的海報，睡覺時，看著湘北隊的背影。《幽遊白書》也呼喚他一次次的揮拳訓練：「我很不喜歡輸人。漫畫裡常常有很多技巧，仙水用很多招數讓我覺得很熱血，感覺可以學到很多打架的方式。」

疫情期間關在家，他重看了《請回答1988》。那就是一家人啊，熱熱鬧鬧的，也有熟悉的童年味道，「小時候也是都跟鄰居很好，到現在我回去看到樓下土地公廟的阿伯，我們都會用客家話打招呼。」

邊看邊想，韓劇的演員很幸福啊。他羨慕飾演金家爸爸的金成均，一九八〇年出生，演一個一九四四年出生的角色，和劇中兒子角色的柳俊烈，真實年齡其實根本只大了六歲。離開這齣戲，可能在下一齣裡又成為形象完全不同的人，「每一個人的角色寬度都很大。但有時候，這不是我們演員可以決定的。看到很多角色你都會覺得，這個好想演、那個好想演。」

如何想像一個演員的可能性？他看官方釋出的試鏡影片，柳俊烈試了一段媽媽叫他吃飯的情境。媽媽兇起來，而他只是冷淡回：嗯。導演問，還有別種嗎？──媽媽再呼喚了一次，柳俊烈完全不應，當沒發生。

「他完全沒有表情，他就試上了。」有點羨慕這種從生活裡出發的表演，「我覺得在台灣，這樣看起來沒有演的可以試鏡上，很不容易。你一定要做點什麼。」

看久了又覺得自己想太多，「一直提醒自己，當一個觀眾就好，不然每次都會覺得……那個很煩啊！你明明就看得很認真，但突然就覺得欸！這邊！怎樣怎樣，就會有很多自己的想法跑出來。」

只有和爸媽一起看八點檔時，進入放鬆狀態，不當演員，就是兒子陪著爸媽。順著《多情城市》《黃金歲月》或《三隻小豬的逆襲》，就只是一個觀眾般閒聊。有段時間疫情緊張，爸爸禁止他回平鎮，幸好後來爸爸解封（？），他慢慢恢復一週兩三天回家的日子。

最常和爸媽一起進行的活動是按摩。

從前做運動員時的習慣，練習結束後給物理治療師按、也和其他隊員互相按。現在，巫建和的手還是時常推揉爸媽的肩膀，那或許是屬於他的《請回答1988》時刻。我好奇，和爸媽肢體接觸，不會尷尬？他想了下，「嗯，唯獨

按摩不會。如果其他的可能會。」

他先是一個運動員，才成為一個演員。散打的力道與防衛的姿態，在他的身體留下鋼筋般的支撐痕跡，「我覺得我肩膀跟體態一直都沒有放鬆過。」表演當下也是，「那是習慣的動作，肩膀會一直拱起來。」

一個人在家，他開始練起瑜伽。以前體能訓練，拚著要跑到某個秒數以內，逼著自己要衝過去、要挺住，「發現自己做瑜伽也是這樣，會一直硬矜（king，常俗寫為《一ㄥ），想要把它做到最好。好像什麼事情都是這樣，不要輸人的這種感覺。但後來發現，瑜伽，你套用那套是沒有用的。」

伸展，放鬆，體內的鋼筋抽拉成可以塑形的線條。

維持一個演員的身體運作，他習慣在深夜慢跑，幸好本來就習慣口罩。「散打有很多護具、護齒，它其實是呼吸很困難的運動。」從前訓練菜單也會讓運動員戴著口罩跑，一趟趟挑戰身體和大腦，「訓練你缺氧的感覺。有時候你會覺得腦中缺氧，但其實根本沒事，那只是你大腦讓你覺得無法思考。」

找出自己無法思考、依然往前的狀態。沒事的，無論如何，沒事的。

專訪撰稿 李姿穎　後記撰稿 溫若涵　攝影 王晨熙

**洪彰聯**


又沒人跟我講不能這樣做


〜〜

原專訪刊載於二〇二〇年九月二十日　受訪者回顧於二〇二一年十月十八日

洪彰聯右手前臂上，躺著一把電鑽和一支老虎鉗。

去年，他問爸爸有什麼可以拿來刺的？資深招牌師傅洪志明，拿出他常年做工的家私。洪彰聯把工具們從台中老家扛到刺青工作室，上頭經年累月的使用痕跡，刺青師一一細刺入血肉。他臂上的老虎鉗因而坎坷，「這把斷過，我爸又自己焊起來。這是他最常用的那一把，而且是等比例喔。」

「……怎麼講，一方面你也覺得它滿好看的，不會有那種看久會膩的感覺，因為你從小已經看到大了。另一方面，它也很像是種身份認同吧。」

做設計於洪彰聯而言，與做工無異。無論做過多少「文化刊物」，他自稱藍領階級。每一次看印，他走進印刷廠，大型機台運轉轟轟，像小時候他待了也逃了很久的招牌工廠。

做《FOUNTAIN 新活水》、Korner 文宣，或與恆成紙業合作的《#001 变な一志村健》等，印製過程繁複凶險。他與印刷師傅協力並進，挑戰對技法、對機器的理解與超越。常常印完，師傅也驚奇：這輩子沒這樣印過。

印刷現場，他偶爾會看到設計師與師傅衝突。「很多人不知道印刷機怎樣運作，當師傅跟你講會有問題，你硬要做，對方當然就很不爽。設計師覺得這家很爛，不願意解

決問題，印刷廠覺得設計師就是他媽的很蠢……不聽對方，也不知道對方想要什麼，好像設計師order點單之後，就一定要做出來，我覺得這個方式不太對。」

他時常換位：「設計師這樣要求，就像很多人來做招牌，一臉很屌就問說，『欸一個招牌多少？』你什麼資訊都沒跟我講，我就想說，幹，腦袋有沒有先想過你要的是什麼？」

## 工廠與工藝

離潭雅神工業區不遠，洪志明的晨光廣告社已在豐原佇立三十餘年。洪彰聯帶我們走進工廠，一邊骨架高高搭建起，另一邊是弟弟切割板材的作業區。中華電信標誌、選舉看板、停車場旁邊接著飲料攤，各式招牌群聚，空間感錯亂。而他談起招牌，則像穿越時間。

「現在都改用便宜的中空板，就是常說的『防颱招牌』，摔下來不會有太大的傷害，但相對來講就沒那麼好看。早期會用壓克力做，壓克力板就是透光最好的呀，可是成本貴，保持性又不好，太重。但台灣七〇年代錢淹腳目的時候，都是用壓克力的。」

「八〇年代台中很流行庭園餐廳，開很大間那種，我們家就會做一些形狀比較花俏的招牌，曲線有很大變化，就牽涉到不同的工法……」

「我幫忙的時候已經是手工招牌的末期了。進到九〇年代後，大部份招牌已經沒有那麼複雜，求效率開始用電腦割字。以前寫字的都是有功夫的師傅，招牌比較像是工藝品的概念。」

二〇一九年，台中在地的王水河過世，像是一個時代象徵性的終結。出生於大正年間，十四歲就開始當招牌師傅的他筆下曾誕生許多街道字體，包含如今「宮原眼科」保留的水河圓體。同時以雕塑、油畫創作，並接案建築設計、室內設計的王水河，工作室曾有多達四百位學徒，開枝散葉，儼然師祖。

從前，洪彰聯家裡也有許多繼承工藝、持續打磨寫字方法的師傅。這些師傅寫字是為了討生活，沒人聲稱自己是藝術家、創作者，「早期比較像是工匠的學習，但我就覺得，它不是一個沒有美學概念的東西。」他在台北保留一本冊子，是爸爸國中開始做學徒時的剪貼簿，厚厚一本收納報章雜誌裡的圖文作為參考資料。有人會稱之為「美感的養成與訓練」吧，不過那時候的洪志明，不會這樣說。

彰聯小時候幫忙做招牌，寫字師傅先用鉛筆或粉筆「把字打好」，把大概的輪廓寫在紙上，他負責割字。刀緣劃過

每一筆一順，緩緩構成一字：「我覺得割字滿有趣的，會看到每個師傅都有自己的打法，就是所謂的手路。」他看師傅有種帥氣，「就像看人家切生魚片，會覺得廚師看起來滿屌的。他們力求一筆一刀完成，也會磨練自己，對自己的手路自豪。」

割字如描摹，他在細微處裡找到樂趣：「也會覺得自己在創作啊，因為我會偷偷改（笑）」

後來，電腦割字普及。九〇年代末期，台灣第一條招牌規格化的街道出現，座落在不遠的霧峰區中正路，老街陸續推動同一款招牌為區域特色。買招牌不再是買工藝品，而像去大賣場買一個工廠產製的電燈泡。時代在變，人也是。洪彰聯說，做工耗損身體，加上慣性放縱菸酒，如今回頭想看看那些寫字維生的師傅，竟已無人還在了。

## 落塵天使

走出工廠，一旁的廣告社前是條筆直長路。他記得童年時深夜躁動，前後路口會封起來，變作飆車族的賽道。他和弟弟不能出門，但會在樓上看，黑暗中青年們的費洛蒙如車燈般流瀉，成為飛奔生猛的九〇風景。

還有那些住在家裡的大哥哥們。裡頭最小的，年紀也只比他大幾歲，不少都曾是做兄弟的。

去年，洪彰聯在他設計的《Fa電影欣賞》〈台片100：我們熱愛的100部台灣電影〉那期選出他最喜歡的台灣電影，一九九二年徐小明的《少年吔安啦》。他寫：「……看電影時總像在看童年縮影的紀錄片，那些江湖氣口的對白，煙霧瀰漫的房間，動不動拳腳相向的動作場景，還記得有次兩位叫阿財與阿賢的工人打起來，結果看到阿財動脈被割斷，血噴到了天花板……」

「照常理來說我應該成為下一個阿國，或是阿國的朋友阿兜仔，但沒有，我還沒這麼厲害。」

——這篇下的標題，是〈我是拚挽的不成囝仔，恁爸就是毋願改〉。少年亡命身影桀驁，我隱約想起，他說小時候夏天日日穿長袖。刺上電鑽與老虎鉗很久很久以前，因為不想留在家幫忙，常被爸爸吊起來打，手臂滿佈傷痕。

但做工那麼苦。到現在他都還記得，國中時他跟著爸爸拆廣告帆布，風一襲來，他高高飛起如風箏，也如落塵天使。

童年也有快樂時。大哥哥們白天在爸爸的工廠工作，晚上一起翻書打發時間，從台灣漫畫《星期》、《漢堡》、《歡樂》，再到日漫為主的《寶島少年》、《熱門少年TOP》……，又或是武器雜誌、釣魚雜誌等等，那是洪彰聯最早的雜誌記憶。

日後，他將一再回望九〇，「我覺得那個年代的東西很有

Korner 文宣其一正面｜洪彰聯提供

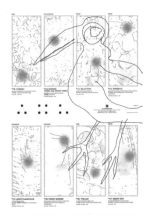

Korner 文宣其一背面｜洪彰聯提供

Korner 文宣其二正面｜洪彰聯提供

Korner 文宣其二背面｜洪彰聯提供

生命力，經濟條件、整個社會的風氣和條件是好的，有大量的資金可以去支持一些創作，包含音樂、美學這塊，都可以看到九〇年代是很有趣的。」開始做雜誌設計後，他也曾和前輩探問傳說中「做什麼賣什麼」的年代，空間那麼大，好像有無限可能。

《少年吔安啦》的海報是由九〇年代的大家劉開設計。大大一個安字，落合在兩個自黑暗裡浮現的人影。暗影裡不只阿國，還有千千萬萬個如洪彰聯的少年。

「開爺」拿捏的台式設計語彙揉合淡淡優雅神傷，從《青梅竹馬》裡碎花布的日常紋案，到《悲情城市》裡書法按捺出血絲，金紙飄搖如悼。洪彰聯直言自己很喜歡劉開，「對我來講，是前輩釋放了空間，因為空間是爭取出來的。有時候可以和業主說，欸，開爺有用類似的作法，好像比較不容易被剾洗（khau-sé）。」

小時候的他肯定沒猜到，多年後也有許多設計系學生拿著他實驗的 Korner 文宣去問老師：為什麼這樣可以？


**因為沒人和我說不行**

在 Korner 的表演宣傳 DM 裡，對方所求不多，資訊對就好。洪彰聯做了兩期開始無聊，偷偷改規格，後期加工如一場場實驗，也沒想到就這樣做了五年，酒水潑灑、音樂

擺盪的場域裡，完成許多人競相收藏的設計逸品。

有時看到什麼東西想試、超出對方預算，他就自己貼錢做，「就是想玩。說實在不可能有人會讓你這樣做。」為 Joy Division 設計專輯的 Peter Saville 在未成名前，也是免費幫唱片公司做專輯，我不收錢，你也別管我。

「很多人會問我說，為什麼你會這麼做。就是……又沒人跟我講不能這樣做？」

非正統科班出身，考大學時他沒考上理想中的平面設計，進入南部一所新成立的工業設計系。開學時，教室都還沒蓋好，網路還在啟蒙時代，荒漠遍野。他慣常翹課，畢業後在中部找工作，舉目所見不是傳產裡的美工，就是以房地產為主的設計公司。

洪彰聯：Korner 比較沒有目的性，帥就好，沒有限制，在設計印刷上做錯了也沒關係。五年來記錄了周遭很多事情，包含情緒性的東西。現在做 Pawnshop 就不大一樣，因為預算依然不高，加上工時成本都是倒貼，所以與印務討論為合作的方式，像在做共同作品的概念。以前都是自己想，現在是我們一起去嘗試、實驗，就不單純是我一個人了。有時候我做好一個模糊的概念，去跟印務討論可以怎樣呈現，會問他說，你有什麼想法？手上有沒有什麼特殊的方法可以拿出來用？

Pawnshop 比較難能可貴的是，幾乎每張印刷方式都不大相同，一般人可能不太看得出來，但我們都在實驗不同印刷的方式，紙張加工、數位彩印，之前玩一個整張全透明的再用互斥油……會很希望做一些基本上不會有過多意義、但對我們來講實務經驗有收穫的，包含印務自己都會這樣做。

我跟印務之所以覺得日本設計很厲害，很多是設計和印務一起相成的。不只是設計師需要養成，印務也是。設計師跟導演性質很像沒錯，要思考整體構成，但影像風格是攝影決定的，印刷成品也需要印務來輔佐。

一開始上班，他甚至還不會去背，「老闆說我很爛，我也真的覺得自己滿爛的。」上沒幾天班就被辭退，他自認活

該，只是有點氣老闆連一根菸也不借，看人不起。

十幾份工作輪轉，他曾去過一間公司，老闆人很好，但日日聽密宗，每天一起床就得去聽半小時誦經，負責清線香，還要照顧盆栽。另一間神祕的大公司，美術部門在后里偏僻處，到現在他還是不知道是做什麼的，「上了兩三天後，主管就把我叫過去說，老闆走進來要叫『總裁好』，誰誰要怎麼稱呼，然後叫我要穿西裝去上班。我想說我做個美術而已，穿個屁西裝？」

後來他也做過畢業紀念冊，算一算，我上一屆學姊的畢冊就是他做的。「妳記不記得妳們畢業紀念冊都很花俏？因為我們老闆很喜歡玩，他無限制讓我們去想，有什麼印刷加工是很有趣的，像有一些光柵版可以變來變去，或現在很多人在玩感溫油墨，我們那時候就在試了。」

「老闆很有錢，都會把他的奧迪借我們開（笑）以前在台北做畢冊很賺啊。他只是想要賺錢，不是想要開一家設計公司。但某方面來講，幫助到我對加工的概念。」

後來畢冊沒那麼賺了，老闆選擇把公司關掉，洪彰聯失業半年。那年他二十七歲，聽朋友說台北機會多，帶著一只皮箱和電腦，搭客運離鄉。全身上下三萬塊，繳完永和一個小套房的房租後，也剩不多了。他打開104，履歷投了三間公司。他打定主意，如果錢花完還沒找到工作，就真的回家做招牌。

結果，三間都上了。他誰也不認識，挑了離家最近的那一間設計公司。

## 文化圈在哪裡

那是王慶富創辦的品墨設計。後來落腳永康街的店面品墨良行，又有「紙的研究室」別名，他自覺幸運，誤打誤撞，進入積極探究手感素材、印刷方法的設計公司。離開品墨後他進誠品設計部，待了兩年多。那時誠品已開始朝向百貨發展，他雖知這個路線有利生存，但對於設計來說，還是太容易無聊了，「會有一個所謂誠品風。也是可以啊，但做久了就不太想做。」

他出來做 freelancer，書、雜誌、專輯都做，有案就接，不知不覺「文化圈」裡逛了好大一圈。他還是那個一只皮箱來到台北的少年，有時得罪人不自知，「像我們這種做粗工的，比較直來直往，我到台北很多人會說我講話很直接，但我會很好奇，以前沒人跟你這樣講話嗎？」

洪彰聯：發現大家現在打電話給我，都會講台語，就覺得滿有趣的……

我也沒有硬逼你們要講台語，講台語是我自己的習慣啦，我又沒有覺得一定要。我不會覺得這樣不好啦，只是説，這個圈子好像大家都需要一個人設的 setting？我也莫名其妙説這個 setting 就這樣出現。

我覺得我人滿好溝通的啊（笑）應該説，我講話有時候比較直接啦，就像文化圈他們有時候溝通喜歡婉轉一點，但……我就不是那塊料啊。

「文化圈常常老師長老師短,超級不習慣。就、老師在哪裡?」有次做書封設計,前面掛名的推薦人抗議,「說我把『老師』那兩個字放太小,就被哭爸。」接案有時他也真心覺得幹,「和一些高知識份子對話,很累,真的不曉得他腦袋在裝什麼。」

他很少受訪或出來談設計想法,但作品一字排開,累積出近年的雜誌軌跡。二〇一二年「小雜誌的逆襲」浪潮裡,詹偉雄創辦運動生活誌《Soul》、搖滾生活誌《Gigs》與《短篇小說》,兼顧內容與美學的嘗試裡,《短篇小說》由王志弘設計,而《Gigs》則找上洪彰聯,《Soul》他也參與前期版型設計。《Gigs》休刊後,主編陳玠安另創《BARK》內頁美術設計也是他的作品。

我說,這樣你不就大前輩。他嚴正抗議,「不是大前輩,是因為沒有人想做。做雜誌太辛苦了啦。真的啊,我會做雜誌是因為出版社不會想找我做書,我也不想做出版社。」仔細想想,如今應該已經做過上百本雜誌堆在家裡,只不過不太確定有沒有齊全。「以前做雜誌,很多出刊都會忘記寄給我。」真心孤僻到底。

二〇一五年他以《Running 跑步生活》拿下金鼎獎最佳設計獎,這也是他感覺與編輯溝通很有共識下的良性合作,「雜誌不是只有文字和圖,雜誌本身是一個架構。你要先focus 在想要呈現的架構,才知道它要長出來什麼東西。」頁面舒展開來,氣韻悠然,也讓我想到他今年設計的新刊

《靛花 tien faˊ》，優雅又不失趣味。

二〇一八年《FOUNTAIN新活水》復刊，拿下金點年度最佳設計獎、金鼎獎最佳設計、《Shopping Design》Best 100……，但所有頒獎典禮他都沒去。今年他以《麥葛芬》獲金蝶獎金獎，出版人代為轉告感言：不忮不求不卑不亢。

他手腕邊的刺青，左手「生苦哀死」，右手「人言可畏」，像在提醒自己。話語權重要的時代，他時常沉默，隱身。幾次公開演講，他說「我的講座不是我講的」，拙於言辭，有時又擔心自己話癆，乾脆請同事 Rosa 擔任翻譯機。

訪談至此已過三小時，他細講下來，不是不談：「很多人說我不太喜歡跟人打交道，但我覺得是……我不知道要講什麼。可能你有你的文化，但對我來講好像很遠。我也沒有特別想溝通，你講的也是對的。」


**如果很多人覺得它醜，要怎麼談美**

一本雜誌從無到有的創刊現場，他經歷過許多次，也常思考，跟隨日本和歐美雙美學脈絡走下來，台灣的雜誌究竟有沒有辦法長出自己的樣子？

「以前我去開會的時候，編輯超喜歡拿日本的雜誌版型給

我。我就想說，這怎麼排都不可能排得像日本一樣啊。拿歐美的也不可能，因為文字就是圖形架構，你的圖形架構就是不一樣。就跟天生的膚色是一樣的道理，你可以去改變外表，但不可能改變整個人看起來的樣子。」

他曾被編輯嫌用楷體老氣、很醜。「我就覺得很奇怪啊，我們在用的英文字體，對國外設計師來說他們也覺得這超 old school 的。字體的使用是一個文化認同感問題，不只是好不好看，而是我們應該去了解：這是你文化中會產生的東西。」

繁體中文字體開發不易，傳統上不是華康就是文鼎。他時常聽編輯或讀者反應，說中文字看起來笨重，但他覺得，「繁體字最大的問題就是，很多人覺得它很醜。」

「我覺得很大一部份其實是文化圈的認同。你認不認同，繁體字就是有它結構性的硬傷？」

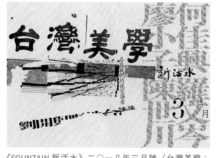

《FOUNTAIN 新活水》二〇一八年三月號〈台灣美學：尋找我們的視覺語彙〉｜洪彰聯提供

理解硬傷後，才能看見它的光彩，「中文也有中文的好處，它是一塊方塊，可以做很多結構變化。我滿認同中國設計師何見平講的：中文又不是英文，為什麼要長那樣？如果追求『那樣的好看』，就會落入框架裡思考。當你用西方的架構去做

中文字體，它長出來絕對不會看起來像西方的東西。」

回到黃華成與劉開，翻閱《劇場》與《影響》，洪彰聯看前輩們搬弄字塊成術，那是對中文字理解、認識後的翻玩：「我一直覺得很奇怪，很多人都會覺得說我做得太實驗什麼的，我就想說，你們是沒看過以前的《影響》？」

近年來對「台灣美學」的探究不斷，他也曾請爸爸重拾毛筆寫下這四個字，慎重刊在《FOUNTAIN 新活水》二〇一八年三月號上。對洪彰聯來說，或許字體是第一步，「說穿了，現在設計師哪一個人會以不用日文字體為豪？沒有吧。如果要字好看，你一定是用日文字體，連我也是。因為沒辦法啊。你沒有字體，先不講好不好看，文化在哪裡？你能選擇的很少。」

「文字是最具象傳達訊息、最好被圖形化的方法，也代表一種文化感。新造的字體如果看起來要有『台灣感』的話，你應該會在台灣某一個角落看過它。它與你的生活、與這裡是有連結感的。」

我想起他走進招牌工廠時，回頭和我說：「妳訪綱裡有問，為什麼我會做出這種感覺的東西？其實妳這樣看，就差不多知道為什麼了。對我來講，這都是在我生活裡的，這些東西一直都存在。」

台灣美學是什麼？沉默之中，他用生活作答。

**專訪一年又二十八天後，訪洪爸**

洪志明也上過台北背水一戰。十七歲時他空手離家，想認真學做廣告。

他在豐原已經跟著人家做兩年了，但頭家並不太栽培，只把他當雜工用。那時招牌大多重複利用，把鐵皮招牌拆回來，油漆刮掉，又可以做一個新的。廣告於他而言，是每日做些刮油漆、清理搬運的苦力活。

上台北是親戚介紹的，終於從寫字、到當時最新的壓克力招牌技術都碰觸到。兩三年間就跳槽了三間廣告社，學完了就換。我問，是想趕快出師嗎？他不好意思說，「興趣啦。」

師傅教他寫九方格，廢棄的木板或紙張背面，格線畫出來，毛筆練字。最流行的壓克力成型，線鋸刻出一個又一個

字，遇到機關標示牌，一公分以下的字也
要鋸得出來。

洪志明說，那時最厲害的同事，一天可以
割一百多個字，都是電話簿尺寸大小。與
字琢磨的學習，承襲書寫：「如果對字體
比較有概念，就學比較快。沒寫過字，哪
裡要轉不知道。我們在學的時候，師傅割
字都沒在看，真的。鋸太久了，看一下是
什麼字就直接動手。」

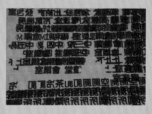

割字也有鉸角（mê-kak，常俗寫為眉角）。筆畫不能斷，
看著毛筆字，要自己腦補筆劃橋接的地方，到後來，看字
眼前都會浮現下手處，於是開散出每個人的手路。

廣告是從最小到最大的事。在牆面上題字，九公分大小是
最常見的，六十公分以下都還可以直接寫，但面對倉庫或
大型壁面，人爬上鷹架，要寫一個比自己還大的字，那時
就得把九方格放大，等比例抓字的氣韻。這個方法，可以
一直寫到三公尺左右的大字。

為了興趣，少年付出代價很大。豐原學徒那兩年沒有薪水，
每年老闆就送一雙鞋，過年要回家給個車票錢。台北的廣
告社學徒大約也就是一個月兩三千，當兵回來，領個四千
塊。為此他也逃過幾次，去糖果工廠生產線、開計程車、
菜市場裡中盤商運菜……最後還是回到招牌工廠，那是當

年不愛唸書、只會畫畫的少年人，能觸及的所有未來。

沒錢沒背景，憑一支筆能去到哪裡？他說那時當兵，才華就是讓自己不用真的做兵，「長官問說有沒有專長，我就說我會畫圖。」牆上的親愛精誠、政宣海報、操刀大小文宣，剛好遇上蔣公駕崩，場地佈置也要一手包辦。

一九七九年，洪志明二十四歲。帶著從台北學來的技藝，標會回家鄉開了第一間廣告社，員工只有他一人。靠寫招牌攢了些錢，馬上把錢拿去買了做壓克力要用的機器。

「阮遮庄跤（guán tsia tsng-kha），比台北腳步還慢，那時候我就開始做壓克力。」兩年後搬到豐原現址，儼然已是當時地區技術的領導者。

廣告永遠面向新的事物。八〇年代末期卡典西德貼紙誕生，字寫完用美工刀切割，比線鋸更快速方便。再過幾年，電腦割字即將席捲全台，也永久改變廣告招牌生態。電腦控制切割，曲線圓滑無缺，對稱均勻，重心沉穩。類比到數位的分水嶺，人類往往臣服於手未能達致的美學，「人客看了感覺足佮意（tsiok kah-ì，常俗寫為足尬意），真媠（tsin suí，常俗寫為真水）。」一個字五十塊也沒問題，客戶搶著要。

電腦割字機器，當時一台七十幾萬像天價，洪志明一眨眼就買了，廠商和他說，他是全台灣前二十幾名買的。「要

買，一定要買，因為走到那邊了，不買不行。很少人會投資，但我做招牌，我會走前面，到現在我也都是走前面。」七十幾歲的他，用電腦排起圖來依然嫻熟。

九〇年代後，台灣經濟起飛的神話撞上電腦割字技術，新興蓬勃開張的店家們養活了許多廣告社，洪志明回憶，最多時，這條街上就有七家廣告社。從熱絡的時代氛圍裡走來，四十年手藝，作品攤開，客戶商家百態，風格技法千百種。

小吃店招牌，他畫出活靈活現的土虱、鱔魚、章魚，一鍋冒出熱氣的火鍋……

從前選舉風氣崇尚浮誇，對立的陣營在他這裡狹路相逢，都要做「精神堡壘」，頂天立地一個立柱寫候選人的名字，放在造勢場合才氣派。

開票前一天也忙，投開票所的計票板，他一間一間擺上「選舉投開票結果一覽表」手割字，常忙到深夜。

還不流行汽車鍍膜時，吉普車協會或車主會找上門，為愛車畫上飆風疾速的色彩。

那時起，有不少學徒從他這裡學成、出去開業，也有親戚看他生意好，加入做廣告行列。如今，同輩的師傅大多

已退休，這條街上只剩他一家廣告社，洪志明在裡頭，更常拿的已是滑鼠。

設計漸漸成為顯學的年代，廣告社在許多人眼中更像執行者，成為設計公司的下游廠商。洪志明說，「以前都自己設計，我們設計的，人家會接受，現在不一定。」又說，比較有設計感的，通常不會來找我啦。

但從前沒有「設計」概念時，是洪志明這樣的人頂著。看有些客

戶心裡沒個主意，他說，觀察很重要：「要看他做什麼行業，也要看這個人的個性、講話的感覺。」髮廊、女性服飾店等通常都很有時尚感，字體飄揚如浪漫捲髮；傢俱店最好讓人感覺穩重⋯⋯

我好奇，他如何看現在的招牌？洪志明只是淡淡笑，「足無聊欸。」

撰稿 溫若涵　攝影 Kris Kang　後記攝影 邱承漢　特別感謝 洪志明

**黃麗群**


不 想 工 作 大 使


〰

原專訪刊載於二〇一八年八月二十二日　受訪者回顧於二〇二一年十一月十日

黃麗群一坐下來就靠著椅背滑落成半躺佛姿：「我可以這樣倒著嗎？休刊就是這樣倒著，任何時候、坐在任何地方都是這樣。」

黃麗群：其實不休刊的時候我也想盡量倒著。

當然，您要不要來顆枕頭呀。我們這一室年假快請完的善男信女如拜見休刊界高僧，有點羨慕她得道，又好奇那雲端生活。從紙媒《壹週刊》一路到新媒體《娛樂重擊》、《旅飯》，黃麗群後休刊生活不知不覺已兩年。回顧編輯、採訪、寫字這一遭，有劫數有善果，但總之她是下了媒體這條船，暫時自由了。

黃麗群：現在只覺得，小丑竟是我自己……

## 天生廢材

「自由工作者是講好聽的啦，其實就是遊手好閒的無業遊民。」現在的她，不想寫就不寫，日常真的進入一個空的狀態了。說起來也不是沒有缺點：「時間很容易就被浪費掉。沒有在跟人講話。」

她開示廢的真義：「不是只有不工作，它指的是，世界上對自己有意義、對環境有意義的事情都不做。從這點來想我是很廢啦，但我的個性就是這個樣子。」怎樣子呢：「通常人還是有一些好奇心吧。我是沒什麼好奇心，人就是那麼雞巴啊，再怎樣，多雞巴的事情都看過了……也沒有什麼新鮮的感覺。」

對四周漠然，但她時常反省自己的廢：「你有時間可以去學習，甚至可以去遊樂。但我就是每天放空，然後想著自己為什麼會這麼廢，覺得自己這樣當廢物好嗎？這樣思考思考就過了一天。」

「如果有時間，其實很多非工作的事情還是可以去做的，做個義工都好吧，對吧？可我就很散漫。對不起。對不起。對不起這個世界。」

那歉意有部份來自於體認到自己幸運：「我的廢就是我運氣好。」她幾次強調只是因為住台北家裡，加上很會存錢：「如果你沒有家累，如果你是個廢物，物欲沒有很強，如果你人生中最大的花費是坐計程車和喝咖啡的話，其實你是不一定要全職工作的。」但即便親近廢，享受廢，喜歡廢，這件事她不喜歡說出一種學問：「一旦講成每個人都可以實踐的事情，對那些其實很需要休息的人來說是非常不公平的。你不能去教人家說，應該要休息啊、應該耍廢，不是這樣的。」

也有些人希望感覺自己屬於社會：「他需要成為嵌合在社會裡的齒輪，如果他脫落他會不舒服，他會慌。」那妳呢？「其實我也可以工作。也可也不可。你要我那樣子，我也會覺得那樣子的生活滿不錯的。但沒有那樣的生活，我也不會覺得很慌。」即使還是會質疑自己浪費生命，但可以確定的是，面對鄰里好友探詢她也不怕，廢要坦然啊：「我就告訴你我什麼事情都沒有在做。我無業，每天都遊手好

閒，我不會因為這樣覺得彆扭什麼的。」

面對「一定要怎樣」的社會，她明確做出逆向宣言：「有些人覺得承擔責任，結婚生子，買房買車很好，那他承擔這責任很好。我不想承擔這責任，我就不想去做這個選擇。我不想要責任，我就是不想要責任。」


## 不可能一輩子做記者吧

在做出選擇之前，很難想像眼前女子待過運轉飛快的《壹週刊》。回溯到二○一一年，黃麗群進《壹週刊》本要走人物線，組織變動下安排她去做時尚精品與鐘錶。這位踩著哲學系、副刊編輯、藝文記者之路的女子竟也答應了，原因依然是：「我是個隨波逐流的廢物。」她說，沒做過的事情反而比較不排斥，可試試。「隨」字像是心法一路跟著她出世入世：「我這個人其實是很隨和的，雖然看起來很雞巴。我隨和，是因為我不想費心去理很多事情，如果可以就可以，就是這樣子。」

回想起來，其實她是適合當記者的：「我們 team 都是個人單幹，可能每個禮拜才開一次會，要配合就配合一下，沒配合就鳥獸散，沒事了。但我還是在一個節奏裡面，那個我覺得是很適合我的，我既在那其中，又不用跟別人配合，雞雞歪歪的。」

我問她這個工作最大的挑戰是什麼,以為她要說些交際應酬的故事,結果出現雙倍驚嘆號:「最大的挑戰就是寫稿!寫稿還不夠挑戰嗎?你要我多苦??寫稿已經很苦了!」文字工作者地獄莫不是稿子春風吹又生一般地來,野火燎原燒到油盡燈枯:「你不可能一輩子當記者。一輩子當記者很奇怪吧,你要寫稿寫到幾歲啊?生涯通常都還是會有變化的。」相連到天邊的稿子還逼養出一技能:打電話。「我在之前是可以不講話就不講話,一定就是寫 E-mail 或是傳簡訊。但是過了那個坎,就可以打電話了。」所有可以把事情簡單做完的事情都是好事。離開時,她和電話和解了、不恨了。

黃麗群:如今我比較沒有耐心,也滿習慣「打個電話去問」了,所以很常對同事說:「我覺得你直接電話講清楚比較快」「你要不要用電話解釋啊」,看來終究還是成為一個己所不欲施於人的汙穢大人了呢。(不過,我在個人生活的守備範圍,還是狡猾地不接聽陌生號碼、關掉所有手機通訊軟體通知、常常不開信箱)

但回想鐘錶精品這個項目,起初她真的是不懂到有點痛苦:「誰、誰懂啊!鐘錶??誰懂啊?那時候鬧很多笑話欸。我就是被丟到那裡面,沒有淹死真的是……」善哉善哉,往事並不如煙。她說所幸那時同行無論記者、品牌窗口的人都好。那個好是什麼?是腦子清楚、不太貪,而且:「做事情很乾脆,他要什麼他很清楚,不會愛食假細膩(ài-tsiah ké sè-jī)。」

姑且稱之「不那麼偽善」吧。說來很不像稱讚,但其實不容易了啊:「如果要做小人那就是真小人,你很知道他要什麼。小人又怎樣,如果他要的是利,那我們來談嘛。就是說,我們可以合作到什麼地步,或者說我們有什麼地

方是不能退的。如果可以當作工作明白清楚地來談，大家都乾脆。不像很多行業就是會，又要做婊子又要立貞節牌坊。」

講到婊子我們全都豎起耳朵啦：「我不要說什麼行業，我沒有講！很多行業都是這樣，不是只有ＸＸ界，對吧？」雖然不說是什麼界，但我們腦中各自憶起不想說的夢魘，忍不住在心底痛哭流涕：「我的意思是說，很多人既要名聲清高，又要在底下撈錢；表面上做出高潔的樣子，但私底下吃相和狗吃垃圾一樣，對吧？」師太還是動怒了，抽換詞面譬喻連發：「又要賺，又希望人家以為他是雪山白鳳凰，世界上哪有什麼好處都被你佔了。」

息怒息怒做個總結。誤入精品鐘錶世界，她最大體悟是要極力避免超出收入範圍太多的奢侈品。六年級末班車的她，是還有許多小資存錢刷卡買包的最後一代。看過太多案例，她進而思考物與人的關係：「如果你買一個包包是半年薪水，你不可能從容地自在揹它。它在你身上，你跟那個物之間的張力會很強烈。你知道為什麼有些人一看就知道，幹，那貴婦。因為她完全沒有意識到她身上的東西。」如果我們買 CHANEL 還是可以當好幹袋（順便置入 BIOS 產品）一般輕鬆，那也沒關係啊，重點就是我們不能怯了，露出那個矜（king）。她說，矜這件事情完全就是反奢侈品的，那不優雅：「所以我現在都揹七百九的包包，我們無業遊民揹七百九的包包就可以了。」

不過，那時終於培養起來的鐘錶知識技能雖然平日無用，偶爾還是可以當作必殺技的：「如果這個人露出那種錶很貴很了不起的樣子，你就跟他說，喔我知道啊。也就只是這樣子而已，避免有些神經病以為自己戴個錶了不起。」最後她補充，都會傳說不是說可以去酒吧看男人車子跟錶，就知道他們的身家嗎？「那電影演的啦！我們中年女子每天都在上菜市場，沒有在看這個的啦。只有在看菜市場的大叔，今天的肉好不好而已。」

## 這般消耗，那我還不如廢吧

離開時尚工作後，她受朋友請託擔任《娛樂重擊》副總編輯（一樣因為這是「我沒做過的」），一年後轉同集團旅遊媒體《旅飯》任總編輯，再次聲明：「沒做過的事情我都可以做做看，但能做多久我就不能跟你保證。」如同所有找尋活路的媒體人，踏上新媒體這片廣袤惡土。

《旅飯》以日本旅、台灣行為主題。我特別喜歡〈帶你媽去玩〉以及〈女神的見面會〉，當然還有各種金澤推坑，主題別開生面內容也有趣。但問起創立媒體初衷，她大題小作：「沒有什麼想實踐的。當時就是希望做一個比較不那麼資訊性的東西。」要說是文化性的媒體嗎，她不正面承認，只說：「實際出來是什麼我們也還說不清楚。我在那邊一年多，你要說有什麼想法，在這個階段都還只是嘗試而已。」

所謂嘗試，是新媒體戰場上必爭的社群：「我們做的社群同質性其實有點高，凝聚力也還不錯，當時是有一個明確的讀者圖像。」雖然如此，但沒有後端的產品，也無法得知變現率和轉換率，至今她還是有點遺憾：「我們沒有任何東西可以賣，但那個東西也不是那麼快可以做的，然後也沒什麼資源嘛。新創什麼的，我想各位可能也就是。」（是的！）

既然如此，不繼續努力看看嗎？為什麼要離開？黃麗群回想起來還是有點心死的樣子，幾次重複聲明像重現內心糾結：「不想上班，不想上班，我不想上班。我不想管別人的事情，就這樣。那你拿薪水就是要管別人的事情。然後⋯⋯我不想上班。雖然比別人自由，我還是不想上班。我那時候就常常躺在床上，想說我想回家。」

文字工作者的成長與經歷有怎麼樣的走法？記者要再往上，通常即是管理職了。都已經經歷過的她講起來有點決絕：「別人的事情跟我沒有關係。天要塌了也沒我的事，我不會去頂的。雖然我長很高，但我也不會去頂的。」強烈的倦怠感也來自媒體工作性質：「做這種工作你是沒有下班時間的，你不一定會被煩，但是你的腦子不大可能會停啊。我的年紀已經不能這樣子了。你們還可以啦，繼續一下。你們可以操到三十五歲，操到三十五歲之後就再⋯⋯看看。」聞言都想捧著不新鮮了的肝和一派糊塗的腦哭泣。

她續談沉船中的媒體業：「以前你在結構裡面，是結構可以給你資源。你幫單位機構做事，它們會反饋給你金錢以外的資源，包括人脈，包括經驗，包括學習，真的是包括學習。這個東西是互相的。」但對現在的她來說已經不是這樣了：「年輕人可能還會得到學習的機會，但到了我這階段，能夠從機構裡學習到的東西越來越少了，而我要掏出來個人的人脈，以及個人的東西變多了。」

「這個產業很窮沒有發展，會從僱員身上榨資源。它給你一點薪水，但你給它的無形資源更多。你們還年輕你們不會碰到這個問題，但如果已經碰到了，不要告訴我。我不想知道。」有點淚如雨下只能繼續摘錄：「你要想辦法把人脈拿出來。人情是欠在你身上，可不是欠在公司身上。你想想看你今天去拗一個誰來做什麼東西，他依然覺得是你拗，不是這個公司。」

「如果你公司牌頭夠大，那可能不太會有這種問題。我講白一點，假使你們今天是《VOGUE》的話……這個世界就是這麼現實，坎站（khám-tsām，程度、地步）在哪裡，對吧？」唉，新媒體的夥伴們要不要一起哭一哭：「我做這些全都是新的嘛，那都是沒有牌頭的東西，就是要消耗我自己以及我同仁的資源和人脈。所以你剛說我要不要做新媒體？我為什麼要做這種事情。」

所以是在這樣的情況下，廢成為一種選擇：「這是個特殊的時間點，因為我所做的產業快要沉船了，我不想站在上

面跟它一起沉。我在上面也不會一起沉，但這樣講：我就
是把我的時間放在那邊，換一個月的幾萬塊，我還不如廢。
我還不如不換吧。我的時間拿去換那幾 黃麗群：事隔多（？）年，看見 BIOS
萬塊是可以，但，也就是換那幾萬塊；」 還是活得好好的也是真心合十稱善了。

說起來就是感覺有點奢侈的事：「那我現在不想換。」

## 休刊也修行：接受宅，處理宅，放下宅

「我某程度覺得，生活的型態不是自己可以控制，好像你
這段時間就是會這樣。這件事對我來說沒有什麼詩意在裡
面，就是放空。」

黃麗群的後休刊生活，嚴肅講來可以論述資深媒體人在新
媒體亂流裡的困境，但若聚焦在她身上，也是成住壞空那
般必經的人生路途，每段時期總有該解的任務。例如工作
時期她厭倦被找到，從來不裝 LINE：「但我現在可以了。
現在要我打電話啦，加入 LINE 群組已讀不回，這個我都
可以做。可是我已經不需要做這些事情了。我想這可能就
是人生，當你可以做的時候，你的生命就不會逼你去習慣
一些事情。可能你學會了，『那你去學別的』。」

人生即使休刊都還在修行吧：「我現在可能要學的事情⋯⋯
不知道，善用時間？以前都是被時間追，現在時間不追你
了，你要怎麼面對這件事情，這可能是我現在被告知的事

情吧。」什麼也不做的階段，她不太焦慮心慌，但也難說是幸福：「還是說我可能幸福到麻木？我不知道。可能我爽到麻木我自己都不知道吧。這樣講也很雞巴。我還是覺得自己在浪費時間。」

米蟲的課題，「面對宅接受宅處理宅放下宅」，如今她持續面對中。偶爾也夢想一個乾淨明亮的機械世界，和採訪寫稿什麼的很不一樣：「以前去看錶廠組裝機芯，幹，那就是我的理想職業。所有人在一個毫無聲音，氣溫很低的無塵室裡面，戴著手套把機芯組裝起來。你一整天就是組，不用和旁邊的人講話。他們會有大窗子，外面種一排樹讓員工眼睛累的時候可以往外看綠意。」

然後她說自己甚至不太生氣了。看遍世事，交雜我佛慈悲和我不管了的態勢，她現在雖然有大把時間，但若不耗心神也就不動筆，寫得散漫：「我本來也沒有很愛寫，那生活中沒有什麼憤怒，就更……」就更禪定了吧：「我現在每天都佛系啊，佛系宅宅。」

休刊本不是終點。黃麗群在後休刊生活裡，反省廢、接受宅，偶爾去人家家裡擼貓。或許這個階段的等待與放空，有一天也能看出一種意義來。那就真的是得道，做自己的神佛。

黃麗群：說實話，到現在我也沒有看出什麼意義。或許也只能等下一個五年？現在跟同事開會我最常說的兩句話是：「我到底為什麼在做雜誌啊？」「前世殺錯人，今生做雜誌」。同事們的年紀紛紛小我五至十五歲不等，他們便用「以後我也會這樣嗎」的憂愁眼神看著我。

## 我現在是不是中年危機？你說實話

黃麗群

三年前這篇標題為「不想工作大使」（因眼睛乾澀，多次看成「不想工作大便」……）的採訪上線後，BIOS 的若涵在臉書敲我，說點閱與分享有些熱鬧，她性格精細，關心會否造成我困擾，還為此超前道歉。我說並沒有，不要想太多。然而的確也是沒有的，那時我正在奔四的門前躺著等時間把我一點點推進去，已稍微進入各式不聞不問的瞑目狀態，唯一有點躊躇是：「萬一某天又跑去上班……那小丑豈非我自己？」

你知道的，一旦這種不太妙的預感升起……這躊躇很快成為自證預言，僅僅一年多後，我就因緣際會且自覺不便聲張地來到紙本雜誌做些編輯之事至今（編註：作者現為《新活水》雜誌總編輯）。當然嚴格說起來，我還是在人間構造之外像壞掉的 GPS 定位那樣亂飄，我不必固定打卡或坐在電腦椅，一週開一兩次會，且辦公室離家十分近，多數

時刻我仍舊小心翼翼地提醒自己這不能更自由的工作型態於我是相當地幸運。

然而一份工作終究是一份工作，它統治時間，也俘虜身體，更重要它是一種意識的裝置（為何被我講得像鬼附身？），這裝置或者可以慢行，但不能真讓它落鏈，話要講會也要開，電話要接訊息要回，而天如果要塌，就還是得勉強去頂一下，一切都會讓你必須成為一個對活著與對同類「相對比較盡力的人」，然而，就算只是「相對比較」盡力，都還是覺得精神的核心肌群堆滿了乳酸。

我其實不明白這累。因此這幾年老是問熟人：「欸我現在這麼佛是不是中年危機？你說實話。」但一個問句之發生，往往正是答案之本身。事到如今，我已無意於談論編輯手藝的本質、或者媒體環境的觀察、或者文字作為介質有何意義……我並不以為這是「失去熱情」（因為從一開始也沒有），只是一方面深覺過去十年都說太多了，我這世代對這些事物的實務看法已不那麼必要與準確；一方面，也或許是整體的發自生命的難言之隱。三十五歲之前，身為一個摩羯座，我對「工作」與「工作的身份」有非常多貌似很有道理的觀點，那些觀點未必都負面，也有許多現在看來竟可謂抖擻的意見，然而現在我意識到，當時的談說中有多少全力的心火與心水、衛護與真誠，此刻的回看就有多少空幻不可信：竟曾也有如此的一心不疑嗎？而人真能四十不惑？為什麼許多事，我在明白之後接踵而來的是更加不明白。

也就是說，回過頭看，我終究無法迴避（從那篇採訪到這篇後日談共有的）一個關鍵：就是像我這樣一個僥倖能幾年不上班的人，或說如現在僥倖處於一種較為自適的工作型態的人，其實並不真能理解人與日常工作、與現代生活、與成就追求之間的一切相愛相殺，成年以來，我在各種層面長期刻意活在某種曖昧的換日線位置，這件事有其流動方便，也有其代價，代價是我與同代人不易有彼此體諒的基礎，與其餘人之間也少有共同的經驗，精神的核心肌群彷彿一直在線左線右做棒式，或許這是我總需要在各種意義上自掛東南枝的原因？……所以現在再看這篇採訪，感覺重新辯證也不完全，回頭同意也不完全，最實在的心得只有：「啊，那時已經覺得黑眼圈很深，沒想到現在還能更深呢。」如果這個企劃放在今天，我或許沒話想說。

總之，關於這篇採訪，我的意見與經驗或許有些趣味，但未必真具備什麼參考價值，而若能長期清醒維持這個認知，我想人過中年就較能保持在危機階段而較不會發展成智商癌。至於工作什麼的，我有個不滿三十正在西洋攻克學位的好朋友，她去算命，算命先生告訴說：「有些人這輩子欠家庭的債，有些人這輩子欠感情的債，有些人欠的就真的是金錢債，妳呢，妳就是欠工作的債。一輩子工作沒辦法停。」朋友唉了兩聲，算命先生制止：「這代表妳一輩子都不用擔心沒有工作耶！一輩子都不會失業耶！很好耶！」我聽了，覺得算命先生在此處也真是把他的工作做得很好，也甚為同意，便表示：『對的，請妳安心開始做牛做馬。哞。』她反問：「那他有說妳什麼嗎？」『他

說我要注意吃早餐與筋骨痠痛。』「什麼東西？筋骨痠痛？其他呢？」『其他沒有什麼影響。這年紀的一個可能的好處是：每件曾認為必生必死的事都不再舉足輕重了。』「蛤是喔⋯⋯」『是的。』「聽起來就中年危機欸。」

我說：「我知道。」

專訪撰稿 溫若涵

攝影 王晨熙

**反正我很閒**

我們對廢很講究喔

〰〰

原專訪刊載於二〇二〇年七月二十日　受訪者於二〇二一年十月五日回顧後表示無調整

退伍後沒事做的那段日子，佳播會問猛將：欸，你今天有工作嗎？沒有。於是兩人騎上摩托車晃蕩一天，隨便閒聊。「回家發現，幹，我今天又浪費一天，人生又少了一天。」

自稱缺乏行動力，大三發想到的劇本〈告白目〉，佳播當兵時才終於寫完。「退伍後也很無聊，一沒工作，二……好啦就沒工作，整天喝酒不知道幹嘛。有一天我就密猛將說，欸，我好像不能再這樣下去，是不是要拍點什麼東西？」兩人把拖延已久的劇本簡單拍拍上傳，臉書轉發，五十讚。

然後猛將問，不是還有一個劇本嗎？陳奕凱好像滿閒的喔，反正都很閒，要不要一起弄？

那個下午，現場還有學長陳國賢。拿起 iPhone 8，六七個小時拍完了〈蛇咬拳 第二式—「拿」！〉。猛將運鏡時看著從小沒綽號的陳奕凱腿那麼長，隨口一聲「躼跤（lò-kha）」，陳奕凱於是成為「樂咖」，「反正我很閒」也隨後誕生了，名如其人，直拳命名法。

猛將還有點猶豫：「那時候就覺得，欸，頻道名稱叫一句話會不會很怪啊？什麼意思啊？」

想出名字的佳播依然是滿得意的：「可是很有節奏感，哈哈哈哈哈。」

彼時 YouTuber 潮大爆炸，剛進新媒體公司的陳國賢在打敗蛇咬拳高手（？）後說，你們這個，好像有機會喔。豈知第一支片上傳到 YouTube 頻道，三個觀看數作結。

## 可是我真的不差

「你真的那麼期待我們這群破銅爛鐵啊？我以為我會很成功，十五年過去了，我還是失敗了，可是我真的不差。」
——《海角七號》

第一次拍片，其實更早。二〇〇八年魏德聖《海角七號》上映，海風、吉他、愛情故事風靡票房，也打動了高中同班的樂咖、猛將、佳播。樂咖真情回憶，「魏德聖之前，我們真的不知道台灣可以拍電影。看了就覺得，原來生活上的東西是可以放在大銀幕上的，滿感動。」

學校也因此動起來了。電腦老師教會聲會影，音樂老師出的作業是要拍 MV，猛將和佳播組拍了一個 metal 團的歌，樂咖爆料：「超中二，他（佳播）演一個變態殺人魔，片名叫做〈愛與憎恨的螺旋〉。」眾人哈哈哈震撼採訪時的咖啡廳。我問那樂咖你咧你拍什麼，結果竟然是自己編舞的山下智久 MV（！）真的是誰沒有過去。

高三填志願，三人如同大多數畢業生一片迷惘。樂咖去了日文系，佳播留級，猛將坦言前面當然是寫了一些熱門

科系國貿、經濟什麼的，但沒上，退十步，不知不覺落點到傳播。

樂咖：「你要是當初有上，現在就有車有房。」
猛將：「對啊，還在這邊跟你們混……」
佳播把大家 tune 回現實：「啊不是，分數就沒到啊～」

命來人轉，分數沒到就沒到，留級就留級。佳播在回顧人生跑馬燈時沉吟，「我最近發現一件事，就是，我的人生規劃趨近於零欸。真的是零啊！」佳播高中留級那一年，再準備一次學測痛苦爆表。他問遍讀大學的朋友：哪一個系可以不用寫功課啊？問了一圈，猛將說大傳不用，他就選大傳。樂咖則是在讀了兩個月的日文系後，毅然決定退學重考，進入崑山視訊系。三人就此一同回歸到拍片的圈子。

青春の巡禮來到中期入團的福林，他默默說：「喔……其實我唸電機。」猛將說了一聲讚！佳播介紹：「我們唯一的理組～～」從前擅長數學物理的福林按老師建議去唸電機後也想轉系，卻沒成功。直到一次試鏡，他一頭栽入表演的世界，磨練自己成為一個演員，大小場都跑，也在拍片現場認識了猛將，在猛將去日本之後加入頻道擔任攝影角色。

抵達拍片世界的過程崎嶇，一轉身十年過去，佳播、樂咖以導演為主，偶爾也攝影、剪接、編劇，福林、猛將成為

製片,他們口中稱為當「雲端硬碟」用、隨便上傳的「反正我很閒」頻道,訂閱也突破了四十萬。

## 導演不是每個人都能當的,但我就是想當

「在宏觀的物理世界裡面,我們是分隔兩地對不對?但是在微觀的量子力學世界,我們是緊密地糾纏在一起。這種糾纏的感情,不是你們這種肉體凡胎可以得到的快樂。」——【量子糾纏】單戀 10 年!一道跨越時空的愛情,用量子力學解釋愛情糾葛的現象!此舉令老高歎為觀止!

進入視傳系後,樂咖對一席話印象深刻。系所在電影圈中偏技術人才養成,教授從一開始就苦口婆心:「他就對全班說,『你們每個人進來都想當導演,不要!導演不是每個人都能當的。』他一直鼓吹我們,其實這行有很多事情可以做。可是我會覺得,沒有喔!我進這行,就是想創作。」

大學裡分組作業,樂咖一直都是比較積極投劇本、爭取導演的:「就是想拍嘛。就覺得自己想像的東西透過影像表現出來很好玩。」而後進入台藝大攻讀電影研究所,「只是因為我希望有個環境繼續創作,可以用學校的資源。後來……也真的拿了學校滿多資源(?)」他磨練導演、編劇、攝影、剪接種種技能,並以《偷偷》入圍二〇一九年金馬最佳劇情短片。

講到這裡他猛然一句：「以前我大學的時候有做過生意你知道嗎。」

不只我嚇到，眾人一陣激動：「什麼？？？你做生意？？」

故事從頭說起，有個很有生意頭腦的朋友找他合夥賣手錶，夜市裡，兩人叫賣來買來買，見識了一個晚上好幾萬進帳的金錢流動，而他們出資不過幾千塊。「當時我有個念頭是，我不知道自己在這裡幹嘛。就是，拿錢換錢這件事我覺得沒意思。即使一個晚上賺了八萬，我沒什麼成就感。」後來朋友勸他再投一些錢玩個大的，他就退出了。

「我覺得賺錢很無聊。就是，創作比這個有趣太多了啦。即使很窮，但起碼我是開心的。」

我很閒團隊裡，樂咖是幾乎不拍廣告案的，偶爾有偶像劇、網路劇導演的邀約，他也猶豫。「我就覺得我做不來。這跟我學的、我認知的、我相信的東西不一樣，我要怎麼拍？」但推掉好像在裝清高，萬一人家之後不找？現實有時逼人，有趣救不了焦慮：「一直說我不拍我不拍，只想拍電影，可是那我怎麼活？我心裡也知道如果是好案子不會輪到我，我也不是什麼大咖。」

他想起《大象席地而坐》導演胡波（筆名胡遷），曾說自己不拍廣告，一拍下去，創作的手痕會被影響。樂咖為此震動，「手痕指的是，我一直拍廣告，那個痕跡就會跑到

我的電影裡。」那個痕跡也像是緊箍住當代電影工作者的夢魘，持續考驗他的初心。

還有另一種導演路則像鍾佳播，要從夢裡說起。

上大學後，他自覺格格不入，休學一年。在家無聊，他一整天一整天地看電影，看完就睡，睡時夢到剛剛看的電影，像變奏的重播，醒來再看新的，週而復始，萬片更新。「這樣循環大概半年吧，看著看著，突然有一天，我就好像通了（！）就覺得……好像自己拍，也滿有趣的哦？」

他自認走的是邪魔歪道，但沒有道理也是一種道理：「我不像樂咖會去認真研究東西、去理解，像他會看比較深的那些電影，很老的啊。可是我沒有，我就喜歡看好萊塢，乒乒乓乓，看看看就想說，我自己拍好像也不差嘛！反正就這樣啦。」

大學時很多同學抱著有交作業就好的心情，分組時，想拍東西的佳播自動成為歡樂隊長，「我想拍有趣的東西，大家就會跟著我拍，也滿自然而然的。我都拍比較搞笑類的東西，因為……」想了一下，其實原因不太重要，「因為，好笑最重要。」

## 拍片現場，就是光怪陸離素材庫

「我發誓，我再也不會碰她那雙腳啦！」──【暴力對質】
女生勿看！揭發女友偷吃的 2 種徵兆！劈腿慘遭抓包！馬
子狗工具人男友綠光透頂！

訪問那天約得早，前一晚佳播為了早點睡多喝了幾杯，結
果反而睡過頭。集合時間一到，佳播失聯，猛將立刻出發
去載，最後完美趕上。這種立馬解決問題的可靠感覺，果
然是製片啊。

嘗試過各種影視製作，如今主要接廣告的猛將說，其實大
學四年沒做過製片，都是社會血汗淚中學。「我大學做導
演、攝影、收音還有剪接，對製片沒概念啊。以前也是像
樂咖一樣會研究電影，可是我沒那麼有毅力，有些東西研
究一半就覺得好累。」為求生存他開始學製片，也覺得自
己適合，「我發現自己算是有規劃事情能力的人吧，可以
把事情安排得有條理。」眾人一致點頭，連我們都對猛將
抱有感激之情（？）

製片比起導演又是不一樣的累，從開拍前就幾乎二十四小
時待命，所有人的事都是製片的事，舉凡找人找錢，或【電
影劇組 爆笑雷包】裡有沒拜拜都算他的。「只要起床，習
慣就是要看訊息，每天生活都是在那裡面。」

「我有個很好的學姊，她跟我分享過一句話。出社會到這

個年紀，『有關係就是沒關係』。」

第一次聽的時候，這句話狠狠打在猛將臉上。只要「有關係」，一如那句很耳熟的：我們簡單處理。他有時在分配預算時困惑，明明都是一樣的工作，為何有些人就是可以拿到比較多錢？也有時製片的大小眼是割自己人的肉，不熟的人不好意思砍價，拿熟人先開刀……「我就覺得邏輯好像不對，會一直想說，我們應該用這種邏輯去工作和生活嗎？常常會這樣懷疑。」

猛將最喜歡的「反正我很閒」作品是【暴力對質】，影片裡佳播慫恿樂咖和前女友要票，拿前女友出軌的事把樂咖激到怒火攻心，但一見面聽到她單身，樂咖轉頭就伺候她洗腳真香。猛將說，「講得很偉大、說什麼我打死不會幫她洗，最後還是幫她洗了。這種講得再好聽結果還是卑微的設定，我都滿喜歡的。」那種不得不卑微的困難，或許製片最瞭。樂咖說頻道素材很多都來自拍片現場，「每次編劇都會想說，好！現在把生活周遭憤怒的事拿出來講。猛將片場很多憤怒的事，他就是素材庫。」

對此，從演員轉作製片，從不同視角經歷過影劇圈的福林也有深刻體會。

大學後開始表演的福林，持續接案了五六年，從學生製片演到商業案。為討生活，過去的他雜食不挑：「什麼都接。只要給我錢，我什麼都演。」到最後卻疲乏了，「開始有

些收入可以賺但也沒有很好，不上不下的階段。做到後來有點職業撞牆期，就覺得好像弄不出新的東西。」而後網路媒體及 YouTube 拍片潮興盛，拍片預算更往下修，待遇及趣味性，都退無可退。

對於拍片這件事還有不捨，他便嘗試製片：「拍片還是好玩的。大家一起做一件事情，把它完成，就很好。」大概是前二十訂閱頻道挺好友的福林，從一開始就看見頻道的魅力，也近似於這種爛事裡開出的奇花異果：「這個頻道在講的是生活態度，雖然很腟屄（tsi-bai，常俗寫為雞掰）、奇奇怪怪的事情很多，可是朋友還是會讓你笑。」

畢竟佳播說了，好笑最重要。


## 拍片的自由度

「這是資本主義的糖衣，在美好經濟自由的謊言中，所包覆名為奴隸制度的毒藥！」──【人民的法槌】社畜救星！教你如何爭取權益，徹底反抗慣老闆！

穩定接案前，佳播也上過班。上班第一個月他就打算不做了，但最後撐了八個月才離職。

佳播：「剩下七個月，我就假借要做功課，每天都在看YouTube 哈哈哈哈。」

猛將：「每天都在跟我講今天看了什麼，我就想說，什麼啊？？？」

樂咖：「但當時他看狠愛演是訂閱才兩萬的時候，就說他們會爆紅了。」

佳播：「我跟公司的人講，他們都完全搞不懂。」

孤獨的先知是也。

電影人看 YouTube 宇宙，雖然都是影像媒介，有時卻又那麼不同。從以前就看 Howhow、老高，也愛蔡明亮、肯洛區的樂咖說，兩者不該混為一談，他也不會拿電影的標準來下評判：「我們自己切得滿清楚的，YouTube 性質上算是一個自己可以做的小節目，獨立感會更鮮明。我有時候會看見一種更草根的東西。」

因為更草根，什麼拍法都有可能。某天，一直苦惱於頻道影片太長的樂咖突然想到可以跳剪，句子和句子中間的空格挖掉，呈現出語速整體偏快、卻在戲劇點堆疊出情緒轉折的效果。樂咖在【碟仙 筆仙－都市傳說】那集開始放膽嘗試，「我們都是拍片的，對跳剪這個東西本來會滿忌諱的。後來就不管了，反正我們怎麼 po 就三個讚，有差嗎？那我們自己爽就好了。」

本來只是為了省時間，後期樂咖跳剪出心得，不時也用跳剪修表演，拍起來也快：「拍片如果表演不好，就只好下一cut。可是在我很閒的世界裡，不行就挖掉就好，沒事。」

像是打開一扇什麼都可以的門：「其實越拍片，你越知道這些東西是怎麼操作的，我反而覺得在這個頻道裡可以做到部份的自由吧，可以玩一些拍片不能做的事情。」

自由，也是允許自己展現爛的那一面。樂咖說，「朋友都是拍片圈的，如果我們剪接也在搞笑、打燈也在搞笑、運鏡也在搞笑，就所有東西都爛爛的，越知道拍片長什麼樣子的人看到就會覺得：欸這個很爛，啊就很好笑，爛到笑。」

反正我很閒現在的樣子，形塑於他們不斷拋去束縛的路上。最一開始佳播一直想以偽紀錄片形式來拍攝，也是出於資源限制。「大學拍片每次就要借場地、撨（tshiâu，常俗寫為喬）演員、弄燈光什麼的，想到就煩死了！有一天我靈機一動想說，如果拍偽紀錄片，我們什麼都不用借！」偽紀錄片的構想催生舉世膜拜的【人民的法槌】，片中猛將借錢給佳播，是將拍攝作為一種借錢的「見證」──因為有動機，所以才拍。

後來他們發現偽紀錄片的形式也成為限制，就再拋掉。佳播說，「每次編劇都還要想說這個人為什麼要拿鏡頭，這件事不成立就不能拍。直到有一天朋友說，我根本看不出來這是不是偽紀錄片，才恍然大悟，哎呀！直接主觀鏡頭就好啦～太輕鬆啦～」

他們不再幫掌鏡人思考攝影動機，但從猛將到福林，掌鏡

人也成為一個角色。猛將還記得剛去日本時就收到苦惱的訊息，「福林就密我說：邊拍邊講話也太累了吧？你怎麼辦得到？」鏡頭之外的福林猛將不只要拍攝還要有情緒、對話，成為頻道特別的風景。

四月時樂咖和佳播上金馬直播，直入台灣電影最高聖殿。直播裡他們談卑鄙源之助有一種扁平人物的特質，當所有人都在追求角色「立體」寫背景故事，「反正我很閒」裡時常看到橫空出世、沒有過去的角色。樂咖認真分析，「我覺得有個 khiang 感是：這個人哪裡冒出來的啊？他就是個怪人。像【人民的法槌】也是，這個人他專心致志於左派，挑戰資本主義，意念就只有一個。其實這整件事情和他無關，他路見不平，整個氣一天欸？」

什麼是「怪人」？那是超越個人，凌駕眾人意識之上的一種精神力展現。扁平與這種怪相輔相成，因為一心一意，故莫名其妙。

想一想，佳播斬斷所有解釋：「講什麼扁平太深奧了，說真的，就是好笑！我們那天不是在吃八方雲集嗎（猛將：太細節了吧？），樂咖就說到『卑鄙源之助』這幾個字，我就說，帥！」

「我最近發現一件事，就是很多人對我們的疑問，有的沒有，都太多了！不需要這樣，就是好笑！可是什麼是好笑，沒有人講得出來，我們也講不出來。我們當初那個晚上

就是覺得『卑鄙源之助』，好笑！一個人一直去弄人，好笑！！換各種場合弄，好笑！！！就這樣而已。」

一心一意，就有巨大的感染力。寫到這邊才發現，怎麼每段結論都是好笑就好？寫稿好像也體驗了反正我很閒強大的催眠力。

## 很廢的真實感

許多人探究「反正我很閒」爆紅的原因，但他們一路以零戰略奇行種的方式成長。拍蛇咬拳的初次嘗試時，YouTube 圈其實就已經很飽和了。早早開始觀察產業的佳播說，「如果一開始心態是想要進 YouTube，邏輯跟我們做的就完全不會一樣。很多 YouTuber 和新媒體公司對這個產業已經有一套理解，也有很清楚的公式，要有些戰略、佈局。」如今他們也從來不看後台數據，只看本心。

猛將接續前面的討論補充，「說爛也沒關係的前提是，我們滿知道什麼是好東西。手機拍爛爛的，畫面也爛爛的，可是內容怎樣是『好』，我們滿清楚。」這群拍片人在YouTube 打開了固有的限制，更向內了解裡頭有無關外界眼光的堅持。

例如，他們直到現在都還是用 iPhone 8 拍攝。問他們近期有換「攝影機」的打算嗎？猛將回，先不用。「我們太

喜歡那個拉近拉遠的感覺了，zoom in、zoom out 用手機太方便了，如果你用專業器材，那個順暢度不太一樣。」

佳播補充，「雖然看起來很廢，但我們對這些東西滿講究的喔。」

又例如，對戲時角色反應的合理性、真實感。樂咖說，「編戲劇和編反正我很閒沒有什麼不一樣，只是風格取向比較怪，但戲劇上的合理性還是要講求寫實的調性。」因此佳播無論台北暴徒、浪漫 Duke、卑鄙源之助，「好，我就是一個怪人，但我在怪他的時候（編註：怪在此是動詞），樂咖的反應必須是真實的。」

「對，為什麼不是我們兩個都怪？這個事情是對比要拉出來的。在那個戲劇空間裡，是藉由旁人的眼光，比如說我『面癱』這件事去襯托這個人的怪，合理性就出來，寫實就出來。」樂咖說。

YouTube 平台性質使然，大部份 YouTuber 也用「我」來和觀眾對話，很多觀眾會忘記影片裡其實存在戲劇的空間，也就是說，佳播並不完全是鍾佳播，樂咖也不一定是陳奕凱，他們得以用反諷、暗喻等手法來講要說的事情。

佳播還記得，第一次演浪漫 Duke 的時候超卡，那是個他自己都很討厭的角色。「我記得那天是在爭鮮（猛將：還是太多細節了啦！）我換完衣服出來，幹，看了好討厭。」

衣服是自己的，梳起油頭做造型，依然是需要角色建立的
一種呈現。

真實生活裡的他們當然不等於角色，因此也不希望以角色
狀態被對待。他們對此很有自覺與共識，因此婉謝了不少
以本人性格出場的直播。樂咖想想：「還是希望大家關注
在我們的故事，而不是我們的人上面。」

「而且老實講，我們兩個都很不喜歡別人拍照。很多
YouTuber 會在乎自己有沒有被認出來，或是會玩一個
節目，去路上看有沒有人認出自己……我其實很不想要變
成這樣，反而我現在去西門町會怕，人太多的地方，我就
不去了。」

很小的時候就常去的圖書館，現在已經不能去了；在麥當
勞，只要一人打破結界求合照，整間麥當勞立地變成拍照
大會。他們養成關注雷達，在路上通常不抬頭，閃避目光。
但每一天，路人會喊構造改革，民眾要他們一起「耶太
嘎」、比個「量子糾纏」……，佳播說，其實知道會來的
觀眾都是喜歡頻道的，大家分不清楚 YouTuber 本人與角
色的差距也很合理，只是，他們並不熱衷於被當明星。

樂咖不管走到哪都會被要求合照、朋友也會擔心被偷拍而
婉拒邀約，有時對自己的生活感到悲觀，「回不去了。」

佳播：「其實也不會啦，最近覺得，也許過半年就沒人要

鳥我們了？」

樂咖：「對啦，這個產業其實壽命很短，我們自己也知道。」

福林：「嗯嗯，過半年後搞不好就不紅了。」

猛將：「盡量做，但還是有個壽命啦。」

佳播：「所以這些煩惱也沒什麼，總會有結束的一天啦！」

他又一個燦笑，再三強調：「我保持樂觀啦！對於我們不紅這件事，我保持樂觀！」

無論時來運轉，爆紅或不紅，他們其實就是一群拍片的人，拍自己想拍的東西。一天又過去了，今天也是拍片的一天，未來，攝影機不會停。

**撰稿** 溫若涵

**攝影** Puzzleman Leung

**髮妝** Halu H. Make Up

**執行助理** 洪以樺、郝御翔

# 浪漫 Duke
# 量子糾纏
# 卑鄙源之助
# 劇組雷包
# 海龍王彼得
# 爆紅正義哥
# 美猴王扎羅
# 恐怖山賊
# 越上 MAX

## # 浪漫 Duke

李定霖 1 年前

培根曾說過一句意義深遠的話，天然的才能好像天然的植物，需要靠學術知識大家修剪。從這個角度來設想，在這種困難的抉擇下，本人思來想去，寢食難安。一般來說，儘管浪漫突進看似不願眼，卻佔據了我的腦海。我們一般認為，抓住了問題的關鍵，其他一切則會迎刃而解。誇美紐斯說過一般耐人尋思的話：" 良好的梯節親切的語言和真誠坦白的同情 "，是指家長、教師、同學及其他人的所給給的好影響。這了我今我來果，浪漫突進的出現，重寫了人生的意義。對浪漫突進進行深入研究，是現今人們所必然要做的。

## # 量子糾纏

Ren Fu Chu 1 年前

裡面最讚的一句話是「她今天上禮拜拜車」。短短一句話裡就有兩個意義不同的時間放在一起：到底「今天」是樂咖看到她拝車消息的當下，還是樂咖把自己弄車的那天？「上禮拜」指的是樂咖過子一星期才看到週則動態還是對方隔了一個星期才 Po？明明講的平淡無奇，卻帶給人無限的想像空間。

## # 卑鄙源之助

Meliodas 1 年前

米貝爾曾經提到過，有恬靜的心靈就等於把握住心靈的全部；有穩定的精神就等於能指揮自己！請諸位將這段話在心中默念三遍。 總結來說，對於一般人來說，卑鄙究竟象徵著什麼呢？一般來講，我們都必須務必慎重的考慮考慮。 要想清楚，卑鄙，到底是一種怎麼樣的存在。 我們不得不相信，我們不妨可以這樣來想，卑鄙對我來說有著舉足輕重的地位，必須要嚴肅認真的看待。

## # 劇組雷包

李豪 1 年前

用「卡到了」來象徵「卡到了」，這是喜劇文化的雙關語境的運用，在古希臘哲人亞里斯多德的《範疇篇》就有提到：「當事物只有一個共同名稱，而和名稱相應的實體的定義則有所區別時，事物的名稱就是『同名異義的……』。」

## # 海龍王彼得

Shi Chung Man 1 年前

本片先用越熟稱呼越長的梗反諷直銷者大多向熟人下手，先以一堆看似專業的銜頭堆砌出專業的假象，再用先知式預言應驗（魚價、有賺）來營造出具說服力的感覺。成功營造出專業的內行人形象後，直銷者就會嘗試說服人購買產品，若是被推銷的人不上鉤，就會用一堆含糊而複雜的術語和絕對肯定的語氣嘗試令對方崇拝繼而相信自己。片尾海龍王奔向大海，也許是想進一步諷刺直銷者要營造自己一勞永逸、生活愉快自由的假象增添自己說服力。又或許，影片作者想表達這些直銷者其實並非大奸大惡之人，而是自己也早已被騙被說服，已然深陷這種彷如大海的無垠假象之中，無法脫離這片靠想像打造的海。

## #爆紅正義哥

Yu Han 10 個月前

看似是工商，實際上深入反思了什麼是正義。故事中對正義發出了許多質問。正義哥最早的正義行為是源於被動的自我防衛，被動作出的行為算是真正的維護正義嗎？正義是表面的行跡還是內心的信條？正義哥因為媒體的報道走紅後，為了持續得到社會的認可開始了正義巡邏。那麼對於正義哥而言，正義是不是只是一場秀，是不是正義僅僅存在於別人的認可之中，不被人所知的正義不是正義嗎？接下來，兩位對正義哥毫無印象體現媒體的一大特質，只在乎熱點，"爆紅消失爆紅消失 " 的循環。那麼，正義哥自述中早期的爆紅，是因為人們希望正義得到伸張還僅僅是因為媒體和公眾對熱點的追求呢？在被正義哥的講述打動之後，有了幫助正義哥再次成為正義哥的想法。那麼，對於正義哥而言，虛假的演出的正義是他想要的正義嗎？對於二位而言，為正義哥搭建場景又是不是維護或幫助正義的行為呢？影片最後鏡頭定格在正義哥在翻櫃。別忘了，整個故事一切源頭來自正義哥被入室，然後成為正義哥。故事開始於正義哥誤認房間內有人遭到了危機在求救。而最後，正義哥卻在翻櫃，有種屠龍勇者終變惡龍的意味。最關鍵的，二位正在經歷的正是正義哥曾經經歷的被入室。二位會不會變成新的正義哥？而正義哥本人早先遇到的會不會是更早的正義哥？

## #美猴王扎羅

摩登大聖 10 個月前

這部影片在告訴我們，人類是如何破壞大自然與侵犯野生動物的領地，影片剛開頭 樂咖與她那量子糾纏的女友在開心的吃著烤肉派對的香腸，下一秒鏡頭一轉就來到一頭憤怒的猴子身上，這代表了人類在滿足自己的娛樂之於時同時也無視了其他生物的生存環境，然而下一個鏡頭眾人卻開始詢問說牠是誰啊，這代表了世人普遍不關心自然環境與野生動物，人們通常從新聞上面看到相關的報導時，最多只會記住兩三天並不會去深入地了解，在這過後樂咖依舊開心吃著看起來不太好吃的吐司，這也再次證明了人們關心自然與野生動物的議題並不會持續太久，像是看到有關於環境新聞時決定要節能減碳來愛護地球跟北極熊，過了一陣子冷氣給他開到爽北極熊 7414，然而這時山上憤怒的猴子逐漸爬向樂咖身旁，這時他突襲樂咖身旁那位量子糾纏的女性，這象徵大自然和野生動物最終會反撲人類，但此時樂咖與眾人拿起棍棒要把猴子趕回山上，這代表了人類強會遭到反撲但在這之後，人們依就會持續地把森林砍除，把野生動物關進動物園或是獵捕牠們，棍子象徵了人類自我高高在上的態度，違反的事物都獲遭到剔除，不管是生物還是大自然，所以到了影片最後猴子只能傷痕累累的跑回他最熟悉的深山裡了，但是最後眾人那不可置信的眼神彷彿透露出，人們到最後看到整個環境都已經被他們給破壞時就會發現他們所做的一切都是錯誤的，在我眼裡那是人們懊悔的眼神。

## #恐怖山賊

Howard Liu 1 年前

從影片的開頭，在雨中的鍾佳播對樂咖丟出訊息「有山賊」之後，整體氛圍與訊息製造出來的懸念便令觀眾好奇：「山賊在哪裡？又是誰？」而催生出想將兩分多長影片看完的慾望。但接著我們只看到鍾佳播不斷向樂咖兜售商品的情節，而在最後鍾佳播似乎喊出一個相當划算、引起樂咖興趣的商品價格後，影片便戛然而止。此時的觀眾應該甚感困惑，山賊呢？如果依照契軻夫那「你在舞台上放了一把槍，則槍必須被擊發」的觀點來看，這部短片似乎是失敗了。

## #越王 MAX

ice cold killer 9 個月前

庫伯勒 - 羅絲曾提出悲傷的五個階段：否認、憤怒、討價還價、抑鬱、接受，我們是否都曾經經歷失敗而擁有這樣的過程呢？片中的主角因為曾經失敗而沉迷電玩來麻醉自己，當朋友提醒時，當下的直覺是「否認」自己在逃避現實。在自己回想的失敗的原因後，追究到風紀股長對他做的事並感到「憤怒」，並用與自己失敗不相關的理由跟朋友「討價還價」，在後間臥薪嘗膽的日子漸漸地感到「抑鬱」，最終憤而報仇時，見到斷手的風紀股長積極地面對人生，轉而「接受」現在的自己，並進而找到一技之長。主角看在過程中看到自己仇恨的對象面對更痛苦的事時選擇接受了，便起了抵觸的做用，他的臥薪嘗膽終究就他為「真·握力越王 Max」，並找到人生的方向。接受失敗最快的方式或許是些些藉口，但這樣選擇終究是逃避，而面對自己的失敗，或許要一段時間和繁雜的過程才能消化掉情緒，但也讓他們成長為更好的人，這邊請大家多多支持春秋 oline, 各各位都抽到 s 級卡片越王 MAX。

**百靈果 News**


政治沒有正確


～～


原專訪刊載於二〇二〇年四月二十四日　受訪者回顧於二〇二一年九月二十日

「歡迎收聽百靈果 News。這裡是華語界最自
由的雙語國際新聞。」

「Welcome to Bailingguo News, the freest international
Podcast in the Chinese speaking world.」

「我是 Kylie。」

「This is Ken。」

「我們會用百靈果／雙語的方式與大家聊聊世界各地有趣
的新聞！」

點開 Podcast，看看排行榜。即便二〇二〇上半年偶爾被
《股癌》、《科技島讀》超越，百靈果 News 此刻仍是台
灣區排名第一的播客節目。今
年二月二十八日下午四點，他
們在台北市美堤河濱公園舉辦
「百靈果佈道大會」，把所有
器材搬到露天空間錄製一個半
小時內容，原本預期不到一百

凱莉：照片很好看欸。

Ken：照片我們到現在還在用。

凱莉：現在我們已經不是第一名了！好傷心！
現在常常被吳淡如啊、股癌啊，還有一些新的
KOL 也會爬上來。

Ken：我們現在能夠在前五就會覺得很開心，努
力維持在前十吧，努力。

凱莉：我覺得現在就是一個戰國時代，變動非
常大，但這是好事，美國也是這樣。

Ken：對，很多人衝進來的時候，其實是會帶更
多廠商進來，我們的流量也開始成長快一倍。

凱莉：OK，完全在自我安慰，反正我們已經不
是第一名了。

Ken：要講嗎？好，總之我們上次因為還是害怕，所以說現場來四百人，其實應該來了七百人。

凱莉：哈哈哈哈，說四百人，因為超過五百人規定要去借廁所……我們後來的活動都有借廁所了！

人的活動，現場卻來了<u>四百人</u>。常自嘲「政治不正確」「魔性笑聲」「以前是大左膠」「現在是妹子領袖」的媒體素人，死忠聽眾喚他們「邪教教主」，直到大會那一天兩位主持人才第一次親眼見識自己的號召力。

百靈果這個名稱不是他們自創的。日本有個幾乎同名的播客節目《バイリンガルニュース》（Bilingual News），一樣是一男一女主持人 Michael 和 Mami，內容如其名，以日文、英文雙語播報國際新聞。Ken 和凱莉寫過信給 Michael 和 Mami，一方面取經，一方面也問能不能沿用他們的名字。不過，就像 Bilingual（雙語的）字母抽換成了諧音 Bailingguo，台灣百靈果也不再只講新聞，還加上兩位主持人的談話和觀點──以及嘲諷。「所以，我們不覺得自己是新聞媒體，」Ken 說，「我覺得我們只是一個，把新聞消化成至少讓華人聽眾容易理解的媒介而已。」

說法有些讓人猶豫。都說是「華語區最自由的雙語國際新聞」了，還不算媒體嗎？

「我們還是有<u>自媒體的成份</u>在吧？」凱莉忽然插話。

Ken：我現在已經開始認為自己是自媒體了。

凱莉：哈哈哈哈哈哈那個時候不願意說。

「自媒體要自己出去採訪，妳要出去採訪嗎？」

「不要，哈哈哈哈哈哈。」凱莉發出傳說中一聽就上癮的笑聲，「但大家好像認定有一個自己的管道、有人在聽，廣義來說就算是自媒體嗎？」

「這樣說的話，所有直播主也都算是自媒體，妳要下拉到他們的 level 嗎？」

「你這什麼意思！」凱莉大叫。

「我意思是他們高大上啦，他們有能力賺很多錢啦，啊哈哈哈哈……」錄音室裡，面對面坐著的他們大笑起來。

你大概明白他們所謂的「政治不正確」是什麼意思了。

Ken：沒有，因為訪問之後到現在我們至少被炎上兩到三次。

凱莉：所以你覺得只要有炎上過就是自媒體？

Ken：不是，是這段期間，我覺得多了很多自省，也發現自己真的有影響力。

凱莉：哇那時候在討論自己是不是自媒體欸，然後覺得這三個字很瞎哈哈哈對不起！

Ken：妳也覺得不是吧？

凱莉：我不喜歡這三個字，現在還是沒有很喜歡。但現在別人貼我標籤的時候，我不會這麼反彈了，好啦給你貼吧。

## 台灣不知道，很可惜

百靈果不是他們的第一個名字。一開始，他們叫做「國際狗語日報」。直到現在，百靈果的 Facebook 專頁依然掛名為「國際狗語日報 X 百靈果 News」，上頭也依然存著他們當時產出的內容。

最早最早，他們做的是影片。一樣是國際新聞，凱莉帶著家裡的狗 Pom 醬，到朋友 Annie 的咖啡廳錄製內容。鏡頭前一人一狗，人一邊聊著伊斯蘭國、一帶一路，一邊不停和狗攀談，試圖營造萌點。狗則理所當然地趴在地上搖尾巴，大部份時候看都不看主人一眼。

這節目沒什麼人看。

那時是二〇一五年，凱莉二十九歲，Ken 三十二歲。她剛從加州蒙特利國際研究學院拿了口譯碩士、接到 APEC 會議逐步口譯工作；他則早已在中歐國際商學院唸完 MBA，從上海回到台灣第三年。

都是留學過的人，真要和別人比的話也能抬頭挺胸的那種學歷，兩人講話卻三句不離自嘲：凱莉在台灣唸政大政治系，說自己上政大「不過只是會考試」的緣故。高中就讀附中的她帶著附中人自豪的瘋玩性格，上大學之後也「我就是政治系體保生啊」都在打籃球。畢業那年想出國，選擇口譯專業也只是方便，「因為唸那個不用考 GRE」；Ken 小時候隨父母移民加拿大，再到中國學商，「我當時很看好中國的發展，所以才會決定唸中歐，」說完又忍不住：「趁人家排名十五的時候去唸啊，唸完你看現在人家排名前五了，搞不好會變哈佛欸，去拿一個哈佛學歷不是很屌？」（凱莉在旁嗆：但現在說哈佛是有點貶義囉呵呵。）

Ken：中國商學院現在應該沒有用吧，因為中國現在在打擊資本主義哈哈哈哈。

凱莉：哈哈哈哈哈哈哈。

笑歸笑。在國外，他們一頭撞上中國崛起的那幾年。

「中國同學講話開始大聲起來。學校裡面他們會走過來，
說：『欸，我們來聊政治。所以那個陳水扁怎麼樣？他是
不是真的很爛？』」Ken 回憶，「剛好那時候中國和台灣
都很喜歡馬英九，我也不知道怎麼回，就說『嗯對馬英九
做得很好』。」

凱莉：哇你這邊講馬英九做很好，我要笑死了。

Ken：以前那時候真的會在那邊講啊！

凱莉：以前中國同學真的好喜歡馬英九！

「我印象很深刻，老師每次在
課堂上講非政治主題的論述，
中國同學都會舉手發言，一直
告訴大家台灣是中國的一部
份。」凱莉說。

Ken：他們應該希望有馬英九那樣的人來當他們
的領導人吧。

凱莉：哦，把自己對領導人的期望投射？就帥帥
的，知書達禮，而不是一個小學生？

Ken：一隻熊。

「對！這個我九年級的時候
就遇過！我那時候一直強調
『Taiwan is not a part of
China』……大家學英文真的不要再從什麼 how are you
today 開始了好嗎，先學 Taiwan is Taiwan 啦！」

凱莉：啊哈哈哈哈哈哈哈。

二〇一四年，三一八，凱莉和高中死黨一起參與抗爭，
Ken 則一個人在青島東路晃蕩。當她在立法院過夜，他
則遇到人就交談，越談越心驚。「我發現，那個時候的台
灣人根本不知道中國是什麼樣子、世界是什麼樣子。更前
幾年我回來的那陣子是中國最好的時候，大公司全部都進
去、狂招人，甚至言論跟現在比還滿自由的。當時我選擇

回來根本是瘋了。」Ken 在二〇一二年回台灣，是為了陪不常見面的家人，沒想到有了太陽花運動的見聞，左右了他往後五年的路。

「我覺得台灣不知道世界的樣子很可惜。」他說。

「當時台灣的媒體很少做國際新聞，剛好我們的英文程度比一般人好、可以看到很多英文的內容。是在那時候決定要做這件事的。」凱莉表示。


## 有觀點，才有溝通

和可愛的狗一起播報的模式沒有成功，兩人轉向直播。五年前的台灣，直播也還是一片藍海，他們又取了另外一個名字「無料福利社」，走訪談形式，每集邀請一位受訪者來鏡頭前邊聊天邊進食。這個路線依舊沒有獲得太大迴響，臉書粉絲四萬，對他們而言遠遠不夠。

於是，兩人一邊做直播，一邊開始嘗試街訪。國慶典禮、同志大遊行、反年改遊行現場，他們到處找人訪問、剪成影片。「所以後來才放棄做訪問啊！路人都會搜尋我們，然後說：『你們這些小綠豆！』很煩！」

Ken：其實我覺得好好玩喔，那時候我們以為會攻擊我們的人就他們而已，殊不知我們太天真了。

凱莉：這一年經歷過很多，不管什麼黨

同一時間，他們自覺默默無聞的國

際狗語日報，竟然收到當時中台灣收聽率最高的廣播節目之一《晚安168》的邀請，到全國廣播電台主持人小潘和寶拉的空中，每次播報一節國際新聞。

派什麼顏色的人，其實都會罵你，立場跟你相近也可能會罵，因為他覺得他沒有跟你很近，我也覺得我跟他們沒有很近，所以我不會再這樣講。但我覺得就是每個人都有自己想法吧，民主社會就是這樣，看緣份。

「我們那時候超爛的，只會唸稿……欸幹，我們那時候就是敏迪欸！」凱莉口中的敏迪，指的是《敏迪選讀》Podcast主持人，如今一樣是台灣區播客前十名的節目；百靈果常在節目上嗆敏迪只有政治正確沒有觀點，還成功設定對方為一個沒有朋友的邊緣人……其實兩邊私下是非常要好的朋友，甚至有共同的LINE群組。

凱莉：我覺得Ken已經不會只唸稿了欸，你現在變超強。我昨天才在聊天室裡面跟大家討論，我覺得你講故事越來越厲害，而且很順，也沒有再結巴了。你已經不是原來的自己了。

Ken：真的嗎？那我再努力結巴一點。

「真的！我們那時唸稿還會卡詞，完全不知道寶拉和小潘那時候為什麼會找我們。」如今的Ken走過狗語日報、無料福利社、街訪再到百靈果，成了一個會拍片、會剪片、會錄音、會打光、會架鏡頭的百工男子，「也是因為上了小潘和寶拉的節目，後來電台就直接給我們一個時段。」全國廣播電台的百靈果News，二〇一八年十月開播，二〇一九年十二月收播，每集五十分鐘。最近這幾年，隨著台灣無論主流或獨立媒體都開始提供翻譯質量足夠的國際新聞，兩人認為百靈果除了轉述，也要有觀點。「可能也是做街訪的時候發現，有觀點是比較好的。」

「我們在那些被嗆的過程中發現：不用怕有觀點啊，這樣才有溝通。」

去年底，全國廣播電台不再和他們續約，兩人在台北車站附近另闢錄音室，自己做起播客至今。因為離開電台，百靈果改了節目破口、改了片頭，成了開頭的宣示：這裡是華語界最自由的雙語國際新聞。不再寄人籬下，以前不能講的現在可以講了、以前要剪掉的現在不用剪，百靈果News 粉絲第一次爆炸性成長，從那時開始。

Ken：説實話，去年那個時候，我沒有想過説我們後來會找蔣萬安來。

凱莉：真的耶。

Ken：去年我就想説，你就是找很多有趣的素人。

凱莉：後來，有好多就是爭議性的政治人物來，不管是立場一樣或立場不一樣。那時候我們要找蔣萬安之前，我們還討論很久，因為我們很害怕。但我有側面聽説，他們也討論很久，他們可能也很害怕。

Ken：怕互相沒加分啊，可是後來我覺得説，加不加分 I don't care，重點是想溝通，「最在意的是表達」這一點沒有錯。只是我們的心臟變強了。我們現在連在討論張亞中都好像小case……

## 我們在意的，是表達

人們或許因為他們同步上傳到 YouTube 的錄音現場影像接觸到百靈果。關鍵字：與知識藍的對話、與皇民綠的對話、回覆中國網友的來信。當然還有剛發生不久、針對紐時廣告集資案「台灣人寫給世界的一封信」進行評論而引發爭議與各方意見的〈你知道紐約時報其實很親中嗎〉。

剛開始經營百靈果時，百靈果的新聞來源多來自大媒體：

CNN、BBC、半島電視台；而現在，為了求快，他們在 Instagram 上追蹤大大小小媒體，軟硬通吃。百靈果的 IG 帳號追蹤頁面有三百多個帳號，就是兩人平常追新聞的公開清單，上頭連 Economic Forum（世界經濟論壇）、UNESCO（聯合國教科文組織）、UNICEF（聯合國兒童基金會）、NATO（北大西洋公約組織）等國際組織的帳號都有。

凱莉：不過我們現在追蹤的大小媒體有一點點不一樣對不對？我們現在除了 IG，也聽很多 Podcast，還會直接去看書。

Ken：對，我們現在只要美國那邊政治議題相關的書或節目，一出版基本上兩週內我一定會看完或聽完。我覺得這很猛，台灣沒有人在幹這件事吧？

凱莉：有啦，一定有的吧？范姊其實都有看。

Ken：我推薦的她都不看！

凱莉：因為你都推一些保守派的東西，她說那些人的文字讓人很受不了。

凱莉：現在很多 YouTube 頻道做得很好，像你說印度的那個——

Ken：WION。

凱莉：還有像推特上的《VICE News》、《DW》我們也都會看。其實就是更多元了啦。

Ken：其實這邊很多我們在追的媒體，這一年來有來採訪過我們欸。像《DW》、《Quartz》、《Washington Post》啊，還有《Bloomberg》……你看我們其實往國際跨出去了，只是台灣人都不知道而已。

凱莉：（憋笑）

Ken：不過沒看是好事，因為我覺得我英文沒有講得很好。

凱莉：啊哈哈哈哈告訴大家百靈果 News 的主持人最近非常積極地在上英文課，因為我們想要在外媒面前論述得更清楚。

一看到可發揮的新聞，就截圖傳給彼此。兩人討論新聞的訊息，比傳給各自伴侶的訊息還多。

Ken：這個現在沒有變，還變本加厲。

不難想像兩個人的目標是做出台灣版 John Oliver 的《Last Week Tonight》。以笑料包裝議題，批判中帶荒謬——也正因幾年下來不同形式嘗試的挫敗，兩人發現舉凡他們欣賞的新聞評論者：John Oliver、Trevor Noah、甚至 Joe Rogan，都有脫口秀藝人的背景。本著讓自己不再卡詞的衝勁，凱莉和 Ken 到當時台灣少數幾個脫口秀空間之一卡米地喜劇俱樂部嘗試演出。那時，博恩才剛剛竄紅。

就這樣，凱莉不只是百靈果的凱莉，也成了「凱莉蹲下去」的凱莉。要不是 COVID-19 疫情，今年她原本還有一場巡演要跑。

風格化引來聽眾，當然也引來批判。點開百靈果專頁，網友評論「從前很愛聽，聽久了就發現這個節目一直在攻擊別的節目……」嘲諷尺度到哪、政治不正確可不可以是笑點？Ken 說：「我覺得我們有一點不同在於，有些人可能是真心相信他口中政治不正確的言論，但我們是知道這是政治不正確的、依然要去踩。我們希望大家可以意識到這一點。」

四月十三日，紐時廣告募資案三天後，他們上線新一集節目，指出該案選擇《紐約時報》作為刊載標的令人存

疑，原因是在他們的認知裡，紐約時報「是民主黨的大本營，代表的雖然是自由派的進步價值，但整體觀點非常親中」。節目一出，大批正反意見湧入，大概是佈道大會後百靈果再次受到高量級的關注。評論家張鐵志後來於個人 Facebook 帳號對此表達了另一觀點。十七個小時後，凱莉和 Ken 分別用個人帳號在該文下方回應。留言串漫漫，延伸出親中用詞的意涵、美國自由派立場等討論之餘，該文下方網友留言仍多有果斷抨擊。有人說，本來是百靈果教徒，現在棄坑了。

有觀點，才有溝通；但觀點有了，溝通卻不一定發生。有人選擇轉身就走。

凱莉：去年張鐵志發表這個的時候，對我們來說是「天吶，超有名的人在罵我們，好嚴重」。

Ken：現在變成很多人都會罵，該罵的時候大家都來罵。

凱莉：其實現在回去看，張鐵志根本沒有要罵我們，他只是跟我們分享他的經驗跟觀念，那個根本就不算罵。後來那種亂罵一通、人身攻擊、做哏圖的罵，才是真的罵。

縱然如此，百靈果始終不願當先轉身的那一邊。同篇貼文下，有人點名新聞人范琪斐回應，乍看突然，其實是因為凱莉也身兼范琪斐的節目《范琪斐的寰宇漫遊》共同撰稿人之一、主持人之一；百靈果 News 熱門榜的其中一集〈與知識藍的對話〉，邀到的來賓、電影監製 Wolf 就是范琪斐的友人。「范姊說這個人的觀點和我們可能不一樣，但他可以清楚地論述，我們就請他來。」凱莉說。那集節目下方留言串比內容本身更見血，在主持人與來賓兩方努力維持緊張平衡的同時，直播留言區倒是即時互嗆了起來。

「其實每次做中國或台灣歷史相關的主題，都會有超多人

158

來罵的。我記得有一集節目講陳澄波，結果有人來留言說我們都罵國民黨不罵民進黨，我們就大瘋笑：那個時候民進黨是在哪裡！？國民黨才剛撤退過來，哪來的民進黨啦！是要罵什麼？」聽起來是無奈，Ken 卻一副被逗樂的樣子。

吵，是吵習慣了，「有些聽眾會持不同的觀點，我覺得這都可以討論。如果我們覺得被說服，我們也會在節目上分享，所以我們一直很歡迎有人來和我們討論。選擇直接離開的，我們真的不 care。」凱莉說，知識藍那集播出後他們覺得做不好的地方，是兩方只有各陳己見，沒有彼此理解。「我們沒有讓來賓覺得舒適、放心把自己的想法表達出來，這才是我們在意的。」

前陣子他們收到一封長長的 E-mail：一位定居美國的亞洲同志聽眾，來信詢問百靈果為何在某集節目說 LGBT 族群不會支持共和黨。「我們就覺得這封信超棒的！在這個肺炎被叫做亞洲病毒、保守價值復辟、外國族群在美國被歧視的時候，亞洲 LGBT 社群居然還是有人想投川普

Ken：你看那時候還可以討論川普的事情，後來在台灣討論川普的事情就被貼標籤貼成這樣子。那時候根本沒有想到說台灣會變這樣。

凱莉：真的欸，那個時候還可以開川普玩笑，開 LGBT 玩笑，什麼都可以講。不過現在又還好了。

欸！我就想說，哇這一定要在節目上分享。」

「搞不好他因為川普很支持台灣所以支持川普，犧牲小我完成大我，that's fine 啊。」

Ken 說,那封信他們還沒回,可是真的很想繼續討論下去。

政治不正確、魔性笑聲、瞎妹領袖,髒話、笑話、開嗆,一切都仍是為了吸引他人來對話:百靈果好不容易等到這個可以吵架的時代了。

「太陽花之前,這些事大家連想都沒有想。運動後大家終於一起醒來,去想台灣是什麼,中華民國是什麼,自己的認同是什麼;支持也好,反對也罷,大家會去思考會去看,多一點討論,這絕對是正面的。」

雖然這樣說,但聊到討論,凱莉也顯露脫口秀的習性:「當然如果他們的論點沒有說服我們,我們就會戰他們。」

「問他們說:你們有沒有用腦啊?」Ken 補槍。

「啊~~~~~~」兩人笑得別有深意,注視彼此喊出長長的「啊」……那是他們講出太超過的話時表示知錯吐舌的方式。


## 多元價值,有市場嗎

不只口譯、播報、脫口秀,凱莉同時是廠廠創意的負責人,和視網膜眼球中央電視台團隊也熟絡。兩群人在網路上認

160

識。「我們覺得他們的內容世界觀做得很棒，私訊問他們做那個有沒有賺錢，他們說他們是做熱情的，我們就說哇我們也一樣欸，那約出來吃飯！」

除了凱莉各種身份在身，Ken 目前也是直播 APP「VEVE」的創辦人。訪問當天約在下午，正是因為平常兩人都有其他工作。自述「做了百靈果之後才開始唸書」的凱莉開玩笑說，最近在范琪斐底下寫新聞稿「每天都在寫論文」，忙碌之餘，還是擠出時間做百靈果。除了每週日晚上九點的百靈果 News，還有每週二晚上九點的訪談單元「The KK Show」、每週四晚上九點的導讀單元「百靈果讀書會」，以別有他業的狀態來說密度不低，讓人佩服他們哪來的決心。

Ken：VEVE 收起來了。因為真的太忙了。

凱莉：廠廠我也離開了，就變成廠廠之友。

Ken：因為為了要做這些東西，我們真的要讀非常非常多的書啦。

凱莉：需要休息時間在家裡讀書，甚至是看劇，比如說你要訪導演就把他劇看完。做太多事情，真的是沒有辦法做好，所以我們還是決定做一些取捨。

「因為我的 ultimate goal 是讓台灣變得更好呀。」Ken 說。

「不是變有錢嗎？」凱莉挑釁。

「在台灣，改變環境的前提就是要有很多現金呀！」

「啊～～～～～～」又講錯話了。

「沒有啦。想改變台灣，但我們很難參政嘛，因為不可能放棄我們加拿大或美國的護照；要不然就只能想辦法賺錢。

不過現在，我們發現還有個方式就是靠社會影響力。那就是百靈果。」

凱莉說，他們的理想是希望每個聽眾都變成獨立思考的個體。Ken 一聽，愣了一下，說：其實又好像只希望他們聽完之後會感到快樂。

佈道大會當天，兩人在現場看到好多正妹帥弟。百靈果的聽眾年齡層主要在二十五到三十四歲區間，YouTube 上男性聽眾較多，Podcast 上女性聽眾超過六成。「很多媽媽在聽，」凱莉說，「她們會留言跟我們說，我的小孩聽到凱莉的笑聲就會踢肚子。我就回說，妳確定妳的小孩在肚子裡就要聽這些垃圾話嗎？」

Ken：現在女性變少了！要謝謝 Joeman 帶來很多直男，現在女性可能五成。

凱莉：對啊，直男們居然沒走。

「其實 Podcast 是一個人處在邊緣狀態時的行為。通常都是一個人享受獨處時間的時候會自己聽，然後你也不知道其他人在聽什麼。有些媽媽說她們在家餵奶、自己帶小孩很辛苦，可是聽百靈果帶給她們很大的快樂，她們也有話題可以跟老公講，因為她們自己在家，老公都在外面的世界。」

「妳看，我就說我們的目標是讓他們快樂吧！」Ken 說。

「好吧。」凱莉難得沒有回嘴。

聽眾裡有憂鬱症患者、有居家照護者，日常沉重，與世隔絕。百靈果成了他們在遠處的耳目，新聞讓他們覺得參與了世界，笑鬧讓他們紓壓。許多人寫信留言，告訴 Ken 和凱莉，聽百靈果是他們人生的活水。聽眾的信任，甚至到了願意上節目受訪的地步，這場訪問隔週播出的 KK Show，來賓 Niki 也是百靈果教徒，因為相信 Ken 和凱莉，上節目分享自己在條通酒店、理容店工作的經驗，毫無猶豫。

才不過五年時光，直播已成主流，街訪主題也爆紅。當年走得太早而跌倒，現在做 Podcast，雖然仍是先鋒，總算是有撐到播客習慣開始養成的時候。「其實我們也一直在想，『做華語最自由的雙語國際新聞這件事』有市場嗎？會講華語的人，到底 care 不 care 自由這件事情？但大家都在想市場的話，就都不用想自由了。」Ken 說。

「其實自由和多元，是在獨裁政權下很容易被犧牲的東西。那你如果要跟風做不自由的東西，你永遠也做不贏對岸啊。我們要做，就要做他們不能做的，講他們不能講的。」凱莉說。

這麼一說，那些脫稿演出、裝瘋賣笑、嘲諷引戰，都成了自由的證據——在獨裁政權底下，誰能討論哪家媒體親不親中、哪個黨能罵不能罵？

## 至少是自由

少有人知的是，凱莉和 Ken 也是台灣最早開始做「回酸民留言」主題的頻道主之一。

凱莉：現在比較少，因為酸民真的太多元了。我覺得如果大家都是為了台灣好，然後在那邊互相攻擊，有時候看心情不好，還是一起罵小粉紅就好。

「無料福利社那時候，來了好多人身攻擊。」凱莉說，「有人留言，說這女的我認識，沒氣質又沒水準；其實我根本不認識他。以前非常介意，是 Ken 那時候和我說，妳介意沒關係，那我們把這些留言都截圖起來，我們來開直播回他。」

范琪斐的節目上，也有個單元會請凱莉共同主持，以辯論模式呈現議題。角色設定上，凱莉較常抨擊極權政體。每次播出，總有中國網友湧入，瘋狂對凱莉做人身攻擊。「因為范姊不喜歡淪為謾罵，所以我在那邊非常忍耐。當我覺得需要一個出口，我就會在百靈果發洩。」

「我覺得這也是個自我療癒的過程，很爽！」

The ultimate goal 是讓聽眾快樂，但自己也紓壓了。其實讓百靈果聽眾甘心入教的，必然不是國際新聞內容：播國際新聞的平台多的是，何必非得是百靈果？真正吸引人的，大概是他們談論國際新聞的時候肆無忌憚的模樣。

也是，誰說談大事不能講幹話？

就算吵架也應該要很開心啊，因為那意味著，我們至少擁有了可以吵架的自由。

「而且最近，下我們廣告的人有變多啦。」學商的 Ken 表示。

「我每天都在回廣告商的信，覺得有越來越好喔。」凱莉說。

「接下來我們會透過我們的號召力，讓 Podcasters 都有一口飯吃好不好～」

「雨露均霑啦！我們會努力拉高我們的價碼，然後覺得我們太貴的廣告商就會跑到別人那邊去。」

Ken：還是希望越來越多廣告商進來，這樣對整個產業的幫助才是最大的。我們會繼續努力走出台灣，有更多海外的華人聽眾。

凱莉：希望趕快可以解封、出國，但這個再慢慢想吧，我們先在露營車上環。還有離島！

Ken：偷偷跟大家講，我們現在要弄錄音車囉。

「啊～～～～～～」

似乎又踩到線的樣子。

問他們這些都可以寫出來嗎？

「當然可以。」他們說。

我真是多問了。

**專訪一年四個月又二十七天後，訪蛇編**

應徵百靈果助理的第一關，不是交履歷，而是填寫一份他們開的 Google 表單。「上面就問說『你為什麼想來應徵』、『喜歡聽百靈果的原因』、『想給我們什麼建議』。」從高三升大學的那個暑假就開始接案工作的蛇編說，「應徵那麼多工作，百靈果是我看過最不在乎履歷的。」

一年半前，她才剛大三升大四，聽百靈果才半年就決定應徵。為什麼愛聽百靈果？她說自己不那麼在乎台灣發生什麼事，那時聽凱莉和 Ken 講有趣國際新聞，就像朋友在耳邊聊天。「還有，每次 Ken 做了什麼政治不正確的發言，我都會想說『天啊！那就是我心裡想的！』」

錄取之後，她問兩人為何選擇自己，凱莉和 Ken 回答她：因為妳是個有趣的人。

高三就開始找工作，她說是因為「我爸避免女兒變得和自己一樣任性」的緣故。爸媽生下她時還很年輕，父親在她

眼中「到現在還是孩子」，不讓女兒也長不大的方法，是在金錢上對她百般刁難。「講一件最小的，以前繳班費，班費喔！我爸居然叫我跟老師要開銷明細。」他知道她自尊心強，唸久了會索性自強，果然刁難奏效，蛇編到了大學就開始接家教自力更生，不再向家人要錢，「工作是為了讓自己有那些錢，可以去做快樂的事。」她說。

今年八月底，百靈果讀書會系列《宮前町九十番地》新一集上線，一開頭三人就做效果，Ken 佯怒指責蛇編去台南玩沒顧好工作。「其實那一集就是 set 好的，實際情形是我沒料到在台南住到一家網路不太好的民宿，那天有小斷線一下，但我們還是錄好兩集；結果留言說什麼蛇編就是菜，出去玩還不報備……拜託我哪有不報備，我離開台北前 Ken 還跟我說路上小心。」

早早開始工作，對專業特別在意的蛇編因為那集做戲而被鄉民嘲弄，鬱鬱不已；於是有了下一集，當 Ken 問起她怎麼心情不好，她在錄音時哭了起來。

那哭，又讓鄉民躁動，說她果然是草莓大學生。但也是那哭，讓她不在意了，那一集成了她最喜歡的一集百靈果：「因為我終於可以整集都說真話了，而不是在不開心的時候只是沉默。」

她對節目內容有更多想法，加入百靈果後第一次獲採用的提案，是 KK show 裡訪香港鳳凰衛視駐印度記者「印度

尤」。和印度尤碎嘴印度的一切，讓她非常開心。

由奶奶帶大的蛇編，從小浸濡佛教，但這不是她信仰的理由。奶奶每年都到印度禮佛一趟，有時帶著小時候的蛇編，但印度在河邊焚屍的習俗讓童年的她心有陰影。直到國中時因繼父是道教乩童，困於成績與情緒的她與乩童對話獲得啟發，這才開始了自己的信仰之途。在以蛇編為名的 Instagram 帳號分享走白沙屯媽祖遶境，真的是多年來的習慣。

蛇編 IG 帳號本來是她的個帳，入職兩個月時 Ken 詢問要不要改放在百靈果宇宙裡。「原本希望我可以發展出自己的人設，也讓想要合作的業主不用都在百靈果那邊，可以用小規模的方式發揮。」她說，「原本想學 Joe Rogan 的助理，把自己取名為『小聲 BB』，想說可以偷抱怨老闆，結果後來也不敢。粉絲多了以後，自己的負面情緒也都不放了。」

正如她的收斂，加入百靈果一年半來她也目睹了凱莉和 Ken 的收斂。「最近有一則新聞，本來要配以前彭政閔的果菜汁廣告；但凱莉想了一整個下午，最後告訴我那則廣告裡彭政閔的扮相是把臉塗黑，會讓聽眾誤會我們在嘲弄原住民，決定不放。」

檯面上的百靈果很瘋，檯面下的 Ken 說話三句不離不好意思謝謝你，而凱莉的行程總是緊扣，有時主持接著脫口

秀,脫口秀又接著錄音;工作後又緊接著恣意玩樂的收放自如令蛇編瞻望。隨著信徒增加,政治不正確的百靈果開始思考自己的影響——聽眾反應閒聊太多,如今每一次節目開頭壓縮至十五分鐘以下;發現讀書會系列點閱差,如今每一集讀書會開頭至少會講一則新聞,以便下標,同時以話題帶閱讀。這些改變,初心仍是讓聽眾關心一點、再關心一點。

「他們對我很驚訝的一點是,我這一代已經是不再在乎太陽花的一代了。對他們而言,那是他們很重要的一個轉捩點,但我們當時在準備大考升學,很少人關心太陽花到底帶來什麼。」蛇編自己,反倒是加入百靈果之後被潛移默化,「很多時候有很多非營利團體的邀約,希望我們協助轉發某些行動,我原本都覺得我們幫不上忙。但凱莉就會告訴我,我們要幫忙。」

「在他們身邊,我確實變得更關心台灣一些。」

若非疫情,或許蛇編大學畢業後就到國外找工作去了。但現在,她確定自己還會繼續待在百靈果。當然,她還是像以前一樣很想到處旅行,「百靈果一直很期待可以到離島或出國錄音。」為什麼想出國錄音?「因為我們很想要當面接觸在國外的信徒啊。」

那為什麼想要去離島?她對著視訊鏡頭大喊:「因為可以順便玩!」

撰稿 蕭詒徽

攝影 湯詠茹

**劉致昕**

如果這還不是答案

〜〜

原專訪刊載於二〇二〇年九月二十二日　受訪者回顧於二〇二一年十月二十八日

## 那你就做吧

事前提供給他的訪綱打滿了筆記，劉致昕說是記給自己看的，怕採訪現場沒好好回答問題。前一天，他正好上完一堂聲音課，請了一位從事聲音教學的學弟來調整自己。學弟告訴劉致昕，他說話時總在韻腳用力，這樣聲音會糊成一片；又太仰賴麥克風，發聲時太過放鬆。聽完建議的劉致昕走在夜裡的忠孝東路，把路邊的招牌全部唸過一遍：華—南—銀—行——

這僅是劉致昕為了主持《報導者》的 Podcast 節目《The Real Story》所做的幾項準備其中之一。然而訪問當下，這系列由《報導者》與 SoundOn 團隊共同製作的節目已經上線八集了——身兼部內 Podcast 團隊統籌與主持人，劉致昕同時仍跑編採、位在台南福吉路上與另一半共同開設的午營咖啡也繼續營業；今年七月他升任《報導者》副總編輯的消息公佈，那時他三十三歲生日才剛過不到兩個月。從二〇一〇年進《商業周刊》跑網路線開始算、十年記者生涯，從來不是每件事都能充份準備之後才開始。他是認了。

「行銷部半年前做了將近一千六百份問卷，百分之九十九讀者希望我們做 Podcast，那沒什麼好說的，就是要做。但因為是新項目，籌備很久一直無法啟動……其實沒有誰必須要去推這件事，但你看到大家都卡住了、看到市場這麼明確期待的東西沒有做出來……那你就做吧。」

句子裡的「你」，代指的是劉致昕自己。三小時訪談中，他時常轉換人稱來敘述，一開始以為只是為了把我們放進新聞記者的視角裡來理解他的說明，後來發現他也總與自己的陳述中帶有個人意志的成份輕輕保持距離；Podcast上路後，他自己找來賓、主持、寫腳本，並寫四個社群渠道的宣傳文案，「因為我們沒有增加任何一個員額，用原本的團隊多做一個每週更新一集的節目，你怎麼忍心叫編輯做這些？也因為這是第一季啦，第一季可能就是唯一一季，我不想在這個情況之下就給團隊工作⋯⋯」

《The Real Story》八月六日上線首二集「安毒幽靈」系列報導幕後談，八月中就衝上 Apple Podcast 台灣區第一名。直到我們與劉致昕見面的這一天，《報導者》與 SoundOn 之間的合作備忘錄甚至尚未簽妥，第一季十二集的額度就即將錄完，「你就知道這一切有多麼倉促」。嘴巴說倉促，劉致昕按著節奏一面確認下一次錄音邀約的鄭竹梅女士，私下也把前幾集節目丟給學弟聽，請學弟持續給建議。

「就是⋯⋯不怕死啦，就是不怕死。」他這樣為自己半年來的奔波作結。

## 沒有前人

劉致昕不是第一次身在新媒體的浪尖上。許多網友第一次

看見這個名字，是在二〇一四年台北市長選舉時由沃草主辦的「市長給問嗎」線上直播，請來連勝文、柯文哲、馮光遠在鏡頭前回答網友提問。那時坐在候選人身側負責主持與提問的他，是應沃草共同創辦人林祖儀之邀，接下這個沒人坐過的位子。一直到了現場，他才發現除了鏡頭和麥克風是架好的，其他一切都要由他來填滿。

「現場沒有製作人、沒有人幫我報時，PTT 的人就站在後面看我跟連勝文兩個人面對面，我還要自己把所有題目印下來、自己寫腳本，然後主持，主持時還要自己抓空檔看網友的反應。唯一得到的現場回饋是有人遞紙條給我，說網友抗議連勝文一直咳嗽，所以我就幫連勝文倒水……」

他第一份媒體工作在《商周》，當時連 LINE 都沒有，臉書尚未公開發行。一般財經雜誌只在意上市櫃新聞，網路線是邊緣單位，剛到任的劉致昕自然被擺在那裡。自稱當年「網路線大部份處理的都是小新聞」，劉致昕做了 LINE 在台灣第一個報導〈一支 App LINE 竟敢向臉書、雅虎宣戰〉。在 LINE 台灣活躍用戶衝破兩千一百萬的如今讀來，這標題算是半個預言了。

《商周》時期，劉致昕也做了 Google Data Center 到彰化設點的報導，在二〇一二年便指出 Google 這一步將成為促使台灣轉型綠電的關鍵——而這個觀察，也在二〇一八年成真。

因為邊緣，所以有空間做主流較不關注的題目。當時的劉致昕，不像資深記者需要配合公司方針，也就專心提案各種報導的可能。二〇一一年，德國非典型政黨海盜黨靠著網路串連與政治透明的訴求，拿下十五個地區議會席次；劉致昕隨即電訪到海盜黨主席 Bernd Schlömer，在《商周》推出〈一群宅男工程師 攻下德國議會殿堂〉，並在離開《商周》後前往德國追問出〈德國的「遙控民主」實驗——海盜黨總部現場觀察〉。

待臉書上市發行、電商在台灣普及之後，「網路」已一躍成為政經領域亦關注的焦點。如今加入《報導者》，劉致昕參與「打不死的內容農場」報導專題，也寫滲入LINE、Telegram 的訊息輿論操作，其中一支關注的命題仍是網路。「從關注網路，到見證網路不只是網路，一旦開始了，你就會想要持續地寫下去，其實是那麼單純的想法而已。」

**致昕，有需要訪那麼多人嗎？**

翻開劉致昕執筆的報導，除了網路，也關心政治、科技與人權，議題廣泛。早在十五歲就想當記者的他，大學推甄同時通過政大外交和新聞系初審，但同校兩系面試安排同一天，逼他做出選擇。「我就被雄中校長叫去談話，他跟我說，如果要當記者，技術之外也要有視野，去外交系也滿好的。」

外交系學生的終極試煉，是參與模擬聯合國。學生被分派為聯合國各委員會下的國家代表，提出屬於該國家、某議題下的提案，最後以聯合國正式議事規則開會，為自己的提案爭取支持──成為記者之後，劉致昕做的題目也幾乎全部是自己提案。不只網路科技，他也寫過海岸開發、塑化劑，「每個題目，你都要研究完所有的東西之後，在面對受訪者時提出你的角度。接著，寫文章時要拋出觀點給你的讀者。吸收資訊、培養觀點，然後提出報導的價值。」

至今，劉致昕的前輩同僚，仍常常勸他別這樣做新聞──對不同主題懷抱好奇，下筆範圍太多太雜，一來無法累積專一領域的人脈與知識，二來巨量的閱讀與研究傷腦傷身。但問劉致昕為什麼選擇關注那麼多樣的主題，他卻說：不是我選擇的啊。

「作記者，是題目來找你。你不這樣覺得嗎？」他反問我。

對記者職業的仰望，與他自我懷疑的性格相剋相生。他拿出背包裡的一疊七十幾頁的英文報告，是針對中國資訊戰的研究，上頭一些專有名詞旁有他手寫的註釋，「要提出觀點，就要唸很多東西。在《商周》有時候你只是寫兩頁的稿子，一千五、六百字，你就要讀這麼一大疊。我記得跟我出國採訪的攝影記者都很痛苦，會

劉致昕：現在看覺得我好自大喔。

即使是它來找你，你眼睛閉上，它還是會走掉。不確定是不是題目來找我，但可能當下我自己也需要做這一題，是一個互相。

上次訪問的時候，自己好像揹負了某種責任感。以前新聞業的長官都會教育你說，寫了一篇就要持續追蹤、有責任要把事實揭露出來，但我現在覺得，記者自己也有那個需求寫那個題或故事。

題目是在和我說話。我現在會去想說，為什麼我覺得它在跟我說話？會問同事說，為什麼要做這個題目，不只是因為它很重要──我知道它很重要──但由你來問問題的話，那會是什麼？對你來說意義是什麼？我覺得要先說服自己吧，釐清之後也比較知道自己在題目裡的狀態，怎麼樣去跟其他人對話。

跟我說：『致昕，你有需要訪那麼多人嗎？』」

「因為不斷自我懷疑，所以你不會覺得自己得到的答案是答案、不會覺得自己完成功課了、不會覺得自己可以休息，只會覺得要一直看到更多東西。」

自嘲「這樣很痛苦」，卻也說「這是當記者的正面特質」。他的新聞嗅覺，不是天賜靈感，而是肉體的勞動換來的。

然而，被現在的上司評價為「對致昕，我只要負責拉住他就好了」的他，卻也曾經中途止步，從記者身份登出過一陣子。

## 提早回來

二〇一二年八月，劉致昕離開待了一年半的《商周》。他說，當時不成熟，找不到平衡的工作方式跟態度，對自己的工作出現許多懷疑。那幾年即時新聞當道，同業搶快有之，流量至上，消磨讀者信心，也耗著新聞產業的內力。「我看到很厲害的前輩記者，他可以用自己跑二十年台塑新聞的經驗，一個晚上就寫出一個封面故事，告訴你台塑這家企業的利弊是什麼。可是，我回頭看我的工作環境，沒有一個地方可以讓我待二十年，去累積成像他那樣。」

「我覺得自己心理上、技術上、體能上可能都做不到。所以就去做其他工作。」

離開，但也不算走遠。告別每週二開編會、三四五採訪、六日寫稿、週一改稿、週二再開編會的生活，劉致昕加入英國《金融時報》成為駐台助理記者，每天早上十點整理中文媒體三到五個題目回報，待記者回覆追哪條線、聯繫缺漏的受訪者，有行程就跟著跑。

《金融時報》的內部規範，求證時要求每一個重大事實和說法必須經過兩到三名互不相關的受訪者證實，否則再重大的發現也不能刊登，劉致昕對此印象深刻。但除了對內容與切角的要求外，他也對媒體應對新時代的做法有了更明確的認識，「《金融時報》也要求故事好看、要juicy，也開發出不同文體，比如第一人稱的訪稿，或者

和誰吃午餐、跟誰散步這樣的企劃內容。當時大眾會批評
台灣媒體做這種事情，但去過 FT，就知道不用太在意這
些聲音。」

在《金融時報》一年後，劉致昕輾轉被華揚創投的董事長
延攬成為特助，接著加入該創投成立的公司「我知好學網」
擔任專案經理，但也只待了一年多。訪綱筆記上打著一句
「金字塔頂端的生活」，問他這句是什麼意思，他說當特
助時既要倒茶、提包包，也要代替董事長出門看案子，不
僅到光鮮亮麗的那一面，也有辛苦的時候：「你會看到
商業世界運作的規則，和金字塔頂端生活的難。」

離開新創，劉致昕短暫加入社企流一年；適逢家裡出狀況，
他回到台南，開了午營咖啡，同時以 freelance 模式接案。
除了 g0v 和《商周》等單位，也接一些「寫起來很療癒」
的案子，例如旅遊景點手冊。

開咖啡廳原是劉致昕的退休規劃，沒料到提早實踐。所幸
他大學時就為了這夢想到星巴克打工，算是稍稍過了水。
回到台南，他和另一半花了半年時間了解社區需要什麼樣
的空間，最後訂定了「社區咖啡廳」的方針。

「我很喜歡柏林，只有在柏林我可以感覺到完全的放鬆，
可以完全做自己。」劉致昕說，「我們希望做出一個像那
樣無壓力的對話空間，它不能太精緻、太文青、太明確，
要讓每個人坐在那裡，都覺得可以放鬆跟外界連結。」在

午營咖啡，年輕人帶著長輩一起參加假新聞調查報導分享、討論納粹後的德國。長期來咖啡聽講座的聽眾從高中生到六十歲都有，尤其珍貴的是這些人都希望聽見與自身不一樣的觀點：

「比如我們講同志議題，講的是為什麼有人會恐同，而不是『同志是基本人權』；還有性別教育是否完全適當、會對小朋友造成什麼影響，午營的聽眾都希望聽到不同的意見。」他說。

劉致昕沒想到，自己有一天必須與這個提早實現的退休夢保持距離。

二〇一八年，九合一選舉前，家人發現他是同志。他跟咖啡店只能搬離家，給無法對話的家人們一些空間。

## 讓他們說話

一切不在計劃裡。事情發生之後，他決定重新尋找正職工作，回到體制內，和午營咖啡拉開關係，不讓自身與家庭的糾葛影響店的運作。

他淡淡笑著，說這倒也吻合他雙子座的性格：「freelance很自由沒錯，但如果沒有遇到

劉致昕：我後來想想可能還有更多，好像那時候就想要有個安全感，迷惘的時候需要一個可以做事情的地方，讓自己不會停下來。我怕萬一停下來，我也不知道有沒有辦法面對自己。也覺得有一點收入，有一點安全感。

好編輯，很容易陷在自己的世界⋯⋯如果想要做更大的題目，跟更多方面的讀者對話，一個人做不到，進團隊有可能⋯⋯」

與《報導者》前往瑞士交流時，劉致昕與 SWISS Info 的副總編輯聚餐，聊到午營咖啡出借場地給香港主辦人籌劃反送中說明會，來了一百多人。會後劉致昕將五名香港人與一百名台灣人的 QA 整理成報導，社群上一千多次分享。

「這就是地方媒體啊！」副總編輯這樣對劉致昕說。

原來他回台南一遭，仍在做媒體。

與鄭竹梅牽上線，也是因為午營。一開始，鄭竹梅沒有表明身份，偶爾借幾本轉型正義的書走。直到有次，她帶了一本全新的書回店裡，說借的那本不小心打翻茶潑到了。劉致昕才知道，這位常常帶人來聽講座的女士就是鄭南榕的女兒。後來，也才有了鄭竹梅在午營咖啡分享閱覽父親監控檔案的座談。

會上，有聽眾舉手發問：這些檔案有什麼好藏的，為什麼不直接全部公佈呢？

在午營，劉致昕擔任分享者與聽眾之間的護城河：「我就告訴那位聽眾，我有個德國朋友的父親是東德飛行員，兩德統一之後那位父親去看了監控檔案，從此再也沒有交任

何一個朋友。因為他發現，原來他身邊的每一個人，鄰居、摯交⋯⋯，全部都是國家派來的。」

劉致昕對當時在場的聽眾說，檔案開放，要顧慮的是活生生的人，而不是政治正確。開放給學者多少、開放給家屬多少、外人多少，都應該要惦記著人。

他與我們談起有次聽朋友做的 Podcast，請來一名少女自敘。少女說自己為了國家考試放棄一切待在家裡、過著肉渣般的生活。為了可以唸更多書，買了一台平板，結果有了平板以後開始追劇，越來越像個肉渣。經過一年，沒有考上國考，不知道怎麼跟父親開口，於是對著平板，把這一年多的心聲講出來：她的夢想是當便利商店店員，因為每天都可以吃剩下的關東煮。

不到二十分鐘的錄音，裡頭是一個平凡人的自我懷疑、家人的支持、對日子的最私密的幸福想望，他聽了三次，感動三次。

「Podcast 在做的事，是文字做不到的。它可以傳達人嗓音上的各種變化，讓大家體感可以感受到，那是一個人。我想要把說話的麥克風遞給更多人，讓更多我無法用文字詮釋的、沒有辦法說服別人聽他講話的人，讓他們自己說話。」

這也是他心中開放編輯室概念的重要意義：編輯室裡，不

能永遠只是同一批記者在討論問題，否則，就無法避免少部份被忽略的群體，仰賴一個強人或民粹政客代言的惡性循環。

「面對這個時代，媒體能夠做的，就是編輯室裡的多元性。」

為了將麥克風遞給他人，自己必須站在這裡。鄭竹梅在分享會後，卻主動找劉致昕談問答時發生的事。於是，兩人共同決定做一集 Podcast。起心動念到實踐，不過一個月的時間。

### By the way 他是同志

採訪前，我們與劉致昕約在 SoundOn 錄音室碰頭。錄音結束時間比預期稍晚，劉致昕說，練習在聲母上用力果然有點不習慣。每一集節目上線後，《報導者》團隊會一一檢視每一則聽眾留言，列出檢討後的改進方式。有人說主持人不該隨意發笑，他也惦記在心。

所以最近才都吃中藥嘛，晚上都睡不著。他又笑著說。

「《The Real Story》的中期目標，是希望作為《報導者》的子品牌，走出台北。」訪談中不斷強調自己非新聞本科出身、無法代言所有記者的他，對閱聽人卻有一份不帶身

份的溫柔：「在新聞產業，成為一個記者還是有既定的訓練過程，但你要想辦法讓不同背景的人能夠進來這裡，提出問題。我隨便亂講：我們去聽台灣十六個縣市明星國中裡的最後一名的困擾，每個人十分鐘。如果能夠呈現出這件事的話多棒？」

有一集預錄好的節目，他們邀請一位法師與他的另一半做分享。雖然因為對話太過家常，目前尚未上線，但這是劉致昕對節目的另一個目標：「大家在報導同志的時候，都會加上同志的標籤，來訴說同志的故事。我覺得這個過程就是在強化同志跟一般人的差異。我想要用 Podcast 來試試看，找一位法師來談他的生活，只不過 by the way 他是同志。」

這陣子，劉致昕台南台北兩頭跑。問他，後來有和家人說上話嗎？「有啊，不過不停地失敗。我只能等。」等什麼？他說今年罷韓投票後，他寫過一段筆記，「我大概是最希望韓國瑜可以把市長做好的人，因為我希望他真的是一個很好很好的政治人物，可以照顧我支持他的家人。如果他可以照顧我家人，我非常感謝他，因為我覺得這個往前的社會遺落了很大的一批人。如果他們能夠被好好照顧的話，那是我衷心所期待、而且我自己做不到的。」

做得再多，仍有什麼做不到。被行程填滿的他，一面樂著說自己做的都是自己想做的題目，一面分享稍早和另一半聊天，說自己要是真會心臟病發的話，「大概就是今天」。

他手上要處理一則人權影展的新聞，關於難民，「這個我不必處理，因為沒有新聞點、沒有時間，可是我想要處理，因為我寫過難民」；訪問隔週，他要做同志諮詢熱線在南部的募款晚會，「一樣的理由，這題不一定要寫，但我覺得我是編輯室唯一的同志，所以我應該要做」；一份假新聞國際報告，談中國資訊戰在 COVID-19 之後走到什麼程度，一樣不是「必要」，「可是我有寫假新聞，所以我應該……」

我想起他反問我：你不覺得，是題目來找你嗎？

他為他寫過的發聲。儘管有時候，不是每件事都能充份準備之後才開始。他盡力追補進度，但不得不說時，還是認了。

他始終擔心他所分享的一切太過個人，但，個人的故事也從只不是個人的故事：「我不相信權威，我不覺得記者寫的就是對的，媒體說的就是對的。我只是很明確知道我作為同志這個身份，使我一直想要讓沒有被聽見的人被聽見、沒有被看見的人被看見。這對現在的我來說，是最根本的想法。」

### 專訪一年一個月又六天後

「我覺得這篇文章滿重要的,對我來說。在這之前我都不敢接受專訪,就覺得我是一個很迷惘的人,不知道自己在幹嘛。但是這篇文章的作者跟媒體,接受了這種狀態,也滿足於受訪者是這種狀態,願意聽,而且把它寫出來了。文章出去之後,大家也接受。

我也覺得滿好的,有這樣的機會讓大家知道,任何一個狀態、一個想法,它都是一個過程。分享過程是一個滿幸運的機會,也是一種關係。過程還會再往前,我也不知道文章裡多少東西會繼續改變,或是我後來回頭來看會覺得怎麼樣。但也希望看到的人都知道,這就是一個過程,可能生命就真的沒有答案,隨時隨地,它都是過程之一。」

~~~~

晚上十一點，劉致昕有點焦慮。隔天是《報導者》Podcast
週年特別活動，邀請先前的受訪者阿爆、鄭竹梅和瑪達拉·
達努巴克。還不確定要說什麼，於是在 Podcast 的 IG 發
了限動，問讀者有沒有想知道的？

發完立刻覺得彆扭，「想說人家就是付錢來等著要看你怎
麼問，你怎麼可以把責任推給人家？」那則限動，壽命大
約只有三分鐘。

但，這真的不是一種做新聞的方式嗎？《The Real
Story》從八集到八十集，這個問題從自問自答，漸漸有更
多人回應。

S2E3〈同志大遊行主持人上節目！百無禁忌和聽眾 Q&A〉
邀請來第一屆開始主持台北、高雄同志大遊行的智偉和
Amy。事前團隊也猶豫，要不要開IG問題箱看看？有同事
擔心，讀者提出對同志來說感到冒犯或有敵意的問題。

為什麼要穿成那樣？台灣同婚都通過了為什麼還要遊行？
穿泳褲的人在想什麼……確實出現了對於關注同志議題
的人來說，很基礎甚至讀來有些惡意的提問。「可是拿給
來賓，他們回答得都很棒。這就不是記者問出來的東西。」
這些如果是「記者劉致昕」問的，「大家會覺得你是一個
爛記者吧。怎麼會問這種問題啊？你不也是同志嗎？」

記者做的那些功課，試著有時丟掉：「這些很基本、從來

不會被問的問題，其實又對聽眾來說很重要。他們有機會問，來賓就有機會回答……唉，你看我想那麼久都想不出來，這麼該問的問題跟這樣的企劃。原來，我的聽眾可以彌補我辦不到的事情。」

這可能不是所有人心中想像的「記者」。但他漸漸揮散心魔，以及那些自我要求。「後來就覺得，我就爛啊，哈哈哈哈。」

二〇二〇年十月三十日，團隊在午營咖啡舉辦了第一場聽友會。那天剛好百靈果佈道大會也在台南，很多教徒參加，也發揮了教徒能言善道的本事：「場面就很瘋狂，教徒都很會講，有去台南的同事就很享受。事實證明，留給聽眾的 open mic 時間都是最精彩的。只要我們前面發自內心給東西，他們也會有很多想講的話。」

於是也越來越能打開自己。線上和實體的活動裡，有國外的聽眾，分享報導如何成為他們生命的刻度，在什麼場景聽了哪一集，和某段記憶一起牢牢連結了。職業是軍人的聽眾感謝，一則有公信力的、可以說服長官的媒體報導，如何讓職場裡的大家更理解吸毒過的弟兄及 LGBTQ+ 的族群……

面對這些生命故事，能做到的只有真誠。

聲音細紋裡，情緒表露那麼地直接。他有時感覺距離太近，

「我覺得我還是那個會害怕打電話的記者,不管在棚內還是出外景,其實都需要一個開機。」也有來賓已經到場、他先在廁所躲一躲、等待進入狀態的時刻。

為了達成真誠,必須付出許多。出外景時,扛著沉重器材收下現場聲音,其實每一趟都很緊張。採訪阿爆那次,他們先到,走進國中體育館時,遇到田徑隊練習。好不容易協調好,外面水電開始動工——噠噠噠噠噠——請老師溝通看看可否換時間處理,溝通好,水電離開,大雷雨立刻落下,屋頂鐵皮一波波轟然巨響。在這時候,阿爆帶著四個小朋友來了。

「那時候製作人不在,我一個人要架所有的麥克風,要錄音,砰砰砰下雨。我又很不會訪國中生,還是四個國中生同時訪……」

變動因素太多了。他說,常常在現場的時候想要殺死自己。

「但,最美的情況都在那種地方發生。」

體育館裡,小朋友們襯著雨聲唱起歌來。或是拍布拉瑞揚時,屋子的主人探出頭來,跟他一起吟唱古謠……「這些都是去到現場才有可能感覺到的東西。現場這件事,是大部份記者會繼續做這個工作的原因吧。」

他帶回聲紋裡的細微感動,「有了 Podcast,就可以告訴

大家：欸，你看現場好棒！」

節目叫做《The Real Story》，真的事，因為聲音而有了更高強度的衝擊。「我比較有把握告訴大家，我帶了一個真實故事回來給你。現在你有機會自己聽，那個反應，那個聲音，那個情緒，我不用詮釋。」

把空間讓出來後，神奇的事情發生。「受訪者可以決定他要給怎樣的 message，有時候那是我攔也攔不住的。這不是我原本預料到的。以前都會覺得說，我要去拜託受訪者說這些事情，但現在有些人會很主動地，想要說一些我沒有期待到的事。」

許多人流著眼淚聽完 S2E24〈緬甸正在發生什麼事？記者、機關槍下生還的兩代緬人帶你看緬甸〉，主持人的內心，其實也是一場潰堤，「你通常不會期待大家跟你這麼掏心掏肺地講這些事，但他們現在願意做這些事⋯⋯那是讓我驚豔的，真實的力道。」

**專訪撰稿** 蕭詒徽

**後記撰稿** 溫若涵

**攝影** 潘怡帆

**場地協力** 窩著

鄭麗君

站成一棵樹

〜〜

原專訪刊載於二〇一九年六月十日　受訪者回顧於二〇二一年十一月五日

「我覺得我上輩子是一棵樹。」

鄭麗君抬頭望著華山草皮比鄰而居的樹群，一旁的幕僚與編輯團隊掐著時間匆忙，她則有自己的靜心。

她說喜歡樹的安靜而強壯，接著繼續細數台灣樹與歐洲樹的差別，氣候、濕度、季節、顏色，在自然的紋理辨識哲學。說自己上輩子是一棵樹，其實是看見了樹的和平：「妳看它成長的時候，如果遇到別人的枝葉，會禮讓共存，一邊給別人空間生長，一邊持續往上尋找陽光。」

擔任文化部長三年來，她的好口碑也可依循此脈絡。訪談間她說了幾次：「歷史不是一個人往前走一百步，是能夠結合一百個人往前走一步。」幕僚一旁偷笑：她真的很愛這句。今年一月初民進黨內閣為敗選總辭，鄭麗君卻被民間自發性的連署留了下來。她有謙懷特質，想法遼闊、實踐不懈，卻不邀功，與一百個人前行，不可能沒有枝葉碰撞折損，但她用心維繫樹與樹的恭讓，持續仰望追尋有光的地方。


**青春的硬刺**

成長路上，她就是一棵自給自足的樹。小學五年級後，鄭麗君一路當班長，「我也覺得奇怪為什麼是我？我的個性比較獨來獨往，以前就喜歡一個人打球、看書，很早就自

己一個人看電影。」鄭麗君慣性與人保持間隙，那就不輕易因他人評價而挫敗。

高中時，她一邊讀著一本本哲學書，也翻閱她承襲父母的黨外雜誌，有些是同學間流傳的影印本，對二二八事件與民主化運動有模糊的認知。一九八六年五月十九日，學校通知提早下課，她從北一女的校園走出來：「太棒啦！學校說下午會有暴民暴動，我就想去看看，什麼是集會遊行。」她站在人群圍繞的龍山寺，彷彿看見了一個新的世界。訴求解嚴的五一九運動是將鄭麗君推往社運的第一個現場：「我第一次見證到，原來這真的是《楚門的世界》，外面有一個真實的世界，需要我們自己去了解。」

高三那年鄭麗君考上台大土木系，還沒註冊，就被台大學運社團 call 去發傳單。其實她也沒門路，就是朋友推薦給學長姊：「我有個朋友好像很適合。」鄭麗君接了電話沒想太多就去了。大學開始參與代聯會、認識大陸社的林佳龍、鍾佳濱、鄭文燦、范雲，結果她的大學幾乎都在社團裡度過。大一剛進校園時，台大土木是很熱門的科系，系所裡流傳，土木人的口袋掏出來，都是從億起跳的。鄭麗君當下決定轉系。「我父母也不贊成，土木系可以確保收入，哲學系就不知道以後的職業是什麼。」

她一直是先斬後奏類型，也可以說，她在成長路上，本來就不是那麼一般的孩子。當年那個看起來像乖乖牌的女生，上學時會為了不穿裙子，比糾察隊還早到學校，「我

因為不穿裙子付出很大的代價，有時候要坐計程車……零用錢都花在這了。」在耳上三公分、指甲、儀容都加倍嚴格的年代，鄭麗君抵抗規訓的傲氣似乎也成了一種身體記憶，以前高中每個禮拜一都要穿軍訓服、夾髮夾，高腰緊身，勒得她喘不過氣。長大後也排斥高腰與裙裝，心底像有一張性別與主體拉扯的網。

我們發現鄭麗君不喜拍照，她誠實：「會扭捏，我就有種怪怪的……我很奇怪，不喜歡人家關注我的外表，二十幾歲吃素以後，好像有好一點。」鄭麗君看上去無疑是草食女，但顯微鏡下看，植物也有自己的硬刺軟毛。

她想想，那時候的反叛，更像刻意尋找與塑造自己。獨行俠走進社運，比起說跟人群近一點，較像和公眾近一點。現在鄭麗君去想「自己」是什麼：「李登輝講『不是我的我』，是比較偉大，那是一個奉獻於政治社會國家的大我。我也覺得，我有個『不是我的我』，參與公共事務，有一個大家認知的鄭麗君，但在我內心，我還是有一個自己的鄭麗君。」

## 失敗是正常的

「每個人內心都會有那種存在主義式的提問：我為什麼生在這裡？生在台灣、參與歷史，都是偶然。能夠參與台灣的歷史啟發我，人可以不只為自己而活。」

這是經歷過台灣的社運變動後鄭麗君的省思。她走進一九九〇年的野百合運動：「我們那時候稱中正廟，因為我現在當部長要說中正紀念堂（笑），那次學運後，李登輝回應學生，召開國是會議，啟動了台灣的修憲。」二〇〇〇年總統選舉前，經政黨協商，台灣完成了六次修憲，陳水扁執政後又一次。國民大會走入歷史、回歸單一國會、國會啟動改選，使台灣從戒嚴走向民主時代。是這樣的親身參與讓她更義無反顧：「我相信這種效能感，是民主的核心。」

野百合學運是當時的觸媒，點燃了一整個時代的焰火，她幾乎記得與夥伴站在場上的神態：「共同經歷歷史變動的那個階段，其實對我們每個人的人生都產生很大的影響。」她情不自禁地涉身其中，像植物向光，本能性地因為公眾事務而抬頭。救援雛妓、關懷農民運動、環保運動，以及大學每年鄭麗君都參與的反核大遊行。

但解嚴三十年，這些運動走到哪裡？「我從大學時關注的議題，到現在，幾乎都沒有完成。」

鄭麗君有時迷惑，歷史更常走一步、退兩步。「去年的公投，我看到結果是很傷心的。」例如這次以核養綠案的通過讓她深省：「很多的改革一旦猶豫或是停下來，反撲回來的力量比妳想像更大。改革需要不斷地前進跟深化，前進就是不能猶豫，更重要的是妳要負責地讓主張的價值能夠被落實在政策裡。」她也對同黨的執政不心軟：「反核

能不能成功，就取決於國家有沒有完整的能源轉型政策，因為你是執政者，不能只是倡議口號跟理想，必須要有完整的、人民可以信任的能源轉型政策……」

一百個人往前走一步，何其困難。改革這條漫無止盡的道路上，失敗遠遠多過成功。夜深人靜她也思考：「我的很多理想，好像很多人不了解。也會自我懷疑，有沒有辦法再堅持？但我個性很奇怪，只要讓我睡一覺，我隔天起來就繼續拚。」

她已然過了猶豫掙扎的時候。野百合運動結束後，鄭麗君曾在大學發起抗議老國代參與修憲，但抗議同時修憲其實已經在進行：「幾乎像雞蛋砸在牆上。」也因為主張幾乎不可能實現，他們採取禁食的激烈手段，一天天過去，夥伴的家人一直來勸她停止，鄭麗君的父母也在現場哭了三天：「其實他們是來支持我的，我滿感動的，我阿嬤跟親戚也有來，到了第三天以後，他們就不哭了。」談到自己的父母，鄭麗君難得虧兩句：「他們開始捐款。第三天民進黨來了一些領導人，林義雄先生、施明德先生、已經過世的高俊明牧師，我媽就像看到偶像一樣！很開心跑去跟他們聊天。」

說來輕鬆，但那是鄭麗君印象最深刻的失敗：「很多父母來勸退，我是發起人，我要負責整場行動。我記得最後一天，我們在那個廣場上每個人都有一個睡袋，那天晚上就把睡袋拉起來，自己在裡面哭一個晚上。」

那一年，她二十歲，宣佈人生發起的第一場社會運動失敗。「接受失敗對我來說是很好的學習，妳對理想主張負責，妳也對公眾負責。」她也更明白了不是努力就有收穫的愛：「很多運動都是在不知會成功的狀態下去發動的，妳也不期待，一場運動就會成功，但妳還是要去做。」

「明知不可為而為，明知不一定會成功還是去試，一次次，會有不一樣的。」鄭麗君特質裡一直帶著社運人的魂，習於失敗，不急著採收，就這樣走進了政壇。

## 留在最難的位置上

社運轉政治，成長痛的拉扯與抽筋都是必然。鄭麗君說社運像戀愛，公職像結婚：「它是一個責任，戀愛以外，柴米油鹽醬醋茶，從政有預算決算，政策有成敗。我這樣的比喻不是說婚姻是愛情的墳墓，而是有一種境界，是如何在婚姻中保有愛情。」

從大學開始，家人知道阻止不了她走向遠方，耳提面命：「第一線妳不要衝，讓別人的小孩去吧。」鄭麗君當然也是左耳進右耳出。無論在社運或是政治路上，她都有救火部隊的風範。

大學畢業後鄭麗君到法國唸哲學，卻遇上九二一大地震。遠方的家鄉有難，她錯過與集體共難的時刻：「電話都斷

訊，不知道動態，那時候網路不像現在這麼發達，妳只能
等待後續的新聞。那時候是非常焦慮憂慮，我當時念頭就
是說，希望趕快回家，和家人朋友禍福與共。不管是好是
壞，一起承擔。」

書還沒唸完她就回來了，一邊寫論文一邊做兼任講師。
二〇〇〇年政黨輪替，林鐘雄老師、林佳龍等人邀請她加
入第一個以台灣為名註冊的智庫，她開始了政治的路。
二〇〇四年陳水扁連任，鄭麗君卸下智庫主任職位，又隨
即被推薦去做青輔會主委，她一個行李箱就溜回法國、迫
不及待重返哲學：「我在桃園國際機場接到林佳龍電話，
因為要登機了嘛，我跟他說，這樣好了，我上飛機想一想。
他就一直叫我不要登機了，我推辭說上飛機想想，到那邊
再打給他。」

「到那邊之後我也沒打給他，我就去旅行了，之後又接到
電話，被拗了大概三次，就⋯⋯好吧。」怎樣可以把妳騙
回來？「他是說，民進黨歷史上第一次執政（二〇〇四年
為民進黨總統大選總統連任），不能失敗。這個的確，
〇四年我有參與輔選，那一年很驚險，只贏一個百分點，
選後還有抗爭，其實是很不容易的過程。」眼見民進黨選
舉險勝，社會仍有許多不信任的聲音：「他們說的也有道
理，要一起承擔，所以我就又回來。」

困難的，一定要一起承擔。當年才三十四歲的她，一身憨
膽，扛下政務官一職。鄭麗君坐進會議室的椅子，左右的

副主委與主祕都大她三十幾歲，她在過大的椅子上難以安頓：「以前政務官都是男性，那個椅子都很大，靠不到後背，對女性不太友善，我也花點時間適應。但是四年下來，我都沒有換副主委、主祕，合作也很愉快。」

她心裡面一直盤算著，上次逃跑不成，這次四年後，自己是一定要飛了。「我每次接任一個職務，都會想說結束後我要再回到哲學的軌道，但每次要回來就會接到另一個邀請，就想好吧那就再一個階段。我常用服兵役的心情接受職務，總覺得役期結束後可以再回到我自己的人生。」

二〇〇八年民進黨大選前，鄭麗君離職去做輔選，她跟一群人從鵝鑾鼻走回台北，走了二十二天、五百一十公里，希望逆風行腳、能看見民進黨起死回生，卻依然失敗。既然敗選，那是不是回去做自己想做的事？

「敗選了，我更不敢離開。最困難的時候，要留下來。」

鄭麗君對自己的人生的另一種想像——哲學工作，一割捨就是到現在。

### 和新的思維，緩慢在路上

「我們必須要有文化視野，把文化視野融入國家發展的視野裡。」

鄭麗君與我們談文化部的工作，其一就是捍衛一個國家深入發展文化的必要性。她上任後文化預算從一百六十一億突破至兩百億，大幅投入所謂「軟實力」的發展。除了無形資產如木雕、剪黏、歌仔戲、布袋戲等傳統工藝的保護，前瞻建設再造歷史現場，有六十億預算投入各縣市做文化資產修復，讓城市與內蘊的文化一起成長。她舉例，基隆港未來發展的基礎，將是源自於我們對這個港口的認識。當我們理解從凱達格蘭族、大航海時代台灣第一次戰爭、戰後移民的歷史厚度，會對這個地方產生不一樣的思考。

她是深信創作與文化本質的人。不難發現，一片政治人物在社群重建形象、用年輕的語言與手段找尋選民認同選票，但鄭麗君的粉絲專頁，經常是本人親寫的千字文，脹脹長（lò-lò-tn̂g，常俗寫為落落長）談政策。她不擅炫技，反覆做著基本功。

三年來，她特別在意內容產業的發展，對獨立樂團與出版創作青年的補助增加了三倍，出版產業甚至止跌回升。以及去年廣受歡迎的《千年一問——鄭問故宮大展》背後也有這樣的脈絡：「過去政府不重視漫畫，戒嚴時期更是打壓漫畫，我們首創漫畫輔導金，讓漫畫創作可以得到支持。」又與經濟部結合工作平台，專注在 ACG（動畫、漫畫、遊戲）的價值與產值。對比於經濟部關注產值，文化部從創作端給予補助，延伸的價值更大。

但內容產業只靠補助是不夠的。她心心念念如同韓國文化

強勢輸出，讓台灣也以「國家隊」的概念成立文策院，期望政府以「投資方」角色鳴第一聲槍響，讓其他企業也願意將越來越多資金投入內容產業。那將是深深影響台灣藝文界的改變：「我們透過國發基金準備了一百億，讓民間的資金可以帶進來，整個產業可以升級與轉型。」

她期待內容加值，有機會為這塊土地帶來實質的影響：「我相信內容帶上來了，我們可以說故事，人可以留在台灣，不一定要去中國打工，我們可以在自己的土地上，做自己的音樂、設計、創作，也讓世界看見。」

如今努力漸漸有了一些成果，《我們與惡的距離》便是她為了打破公視九億元的限制，與行政院合作透過 4K 內容產製達到前瞻計劃目標。接下來計劃只會越來越大：「提供給公視的預算今年是二十五億，明年會超過三十億。」知道有些事在慢慢完成，她露出一股比較放鬆的笑：「妳看，《通靈少女》到《魂囚西門》、《我們與惡的距離》，現在在籌拍的吳明益老師的《天橋上的魔術師》，大家終於有好好發揮的空間了。」

這些規劃都不是一朝一夕。總是想遠、想多的習慣，也曾讓許多人說鄭麗君「不接地氣」。她聽到則說：「我離這個詞，確實有點遠，因為我不迎合表演，我跟我的同仁說，我的政策不追求亮點，我也不追求短期有感，我最終是要達到目的。」文化部規劃的「台北文化雙軸線」一路到二〇二七年：「那時候部長一定不是我，但我跟團隊說，

政策是好的、合理的,就可能被延續。」

她想起年初收到的大量連署書,有點害羞因此音量小聲:
「好像很少看到,人家連署政務官繼續做。我在那個連署
書裡,提醒自己,人家絕對不是連署妳繼續做官,人家是
留我下來繼續做事。」鄭麗君不是表演型政治人物,說話
平平穩穩的,有點像老師,她的魅力,在於做事的那種執
著:「我就一塊磚一塊磚堆,但我心裡,有一個大教堂
的藍圖。」

我想起鄭麗君請辭那時,會不會覺得終於要回到哲學路上
了,她真的對此有所迷戀:「很多時候會想是不是要放棄,
我在哲學世界裡可以把問題想得很深很嚴,現實世界裡要
推進一小步,相對都是很緩慢的,有時想我回來當我的哲
學家算了吧!睡一覺醒來,我又想,只是時間長短,慢的
話,還是會發生。那就多下一點工夫,再繼續走下去。」

## 我們都曾是詩人,曾是科學家

鄭麗君在四十一歲那年結婚,現在她有個四歲八個月的
兒子,她介紹孩子時我才想起部長也是位母親,會記得
4Y8M 甚至出生第幾日這樣的數字。她肯定也有母親對孩
子的狂熱,可是鄭麗君得按捺住。拍攝時我們走過草皮,
一群幼兒園的小孩在上面嬉鬧,她遠遠看著:「我還是盡
最大努力跟他相處,但對他來說,時間一定還是少的……」

她說常看著兒子，一面憂心他即將上幼兒園、接下來就是一條龍的教育體制了。其實鄭麗君很早就關心教育，也是因為自己曾有困惑：「高中面臨要分組，那時困惑，為什麼一定要分組？為什麼人不能按著自己的興趣與個性去追求知識？十幾歲時，每個孩子都是詩人啊，每個孩子都是科學家。那是人的思考與知識能力成長爆炸的階段，你想要認識世界、探索人生、了解自己，但是卻被限制在一個隨時準備考試、撿拾破碎化的知識的課堂裡。」

教育體制限縮人們的選擇，壓縮可能，鄭麗君很疑惑為何台灣人習慣考完試了、再去追尋做自己？「我擔任立委時，也花最多時間在教育議題，我認為這是我們台灣升級轉型重要的課題——如何讓下一代更自由。」她相信除了增進公民意識、鼓勵青年參與社會政治，應該持續關注教育改革，讓年輕人在工作中面臨全球化的競爭，成為一個更有軟實力的世代。

鄭麗君提到九〇年代後高教擴充、私立大學林立的青年困境，因資源結構分配不均、限縮階級流動的空間：「許多私立學校的孩子讀了四年得到不充足的高教內容，邊打工邊唸書、畢業後揹學貸，在經濟困難的狀況下，如何保有適性學習與成長？」

「雖然十二年國教入學制度一再改變，可是換湯不換藥，不管是用推甄指考，本質就是一種競爭，在教育現場的理想不太容易實現，每個家長師長都希望小孩適性與快樂學

習，但我們的體制脅迫老師要幫助孩子競爭，家長也無奈，希望孩子競爭勝出了，再去追求做自己。」

還沒談你的學習不是你的學習，別說你的孩子不是你的孩子。近幾年台灣政治非常關注的課綱，鄭麗君也有她的思考：「國家的教改應該由上而下，先改變資源的公平性，內容則是由下而上，讓教育現場、老師、社會去做教育內容的改革，民主化的國家應該盡量對內容放手，更積極回應教育資源的不公平。」

她直言這不是政黨問題，畢竟三度政黨輪替，為什麼孩子依然在承擔著教育的惡果？「我們台灣的改革，一向做得比較淺，沒有勇氣去做結構性的改革。台灣 GDP 十幾年累計成長超過百分之五十，但薪資停滯成長，房貸大概上升兩三倍，假設一個孩子付完學貸，薪資沒有成長的情況下，等他存好頭期款要買房子，在大台北也大概是要退休的年紀了。」

「文化的發展、教育的發展，其實最終的目的都是人的發展。」

因為有孩子，因為自己也曾受困，她看見了青年安身立命的困境，更進一步思考，作為文化部長，如果青年連溫飽都是有問題的，台灣怎麼可能有充滿活力爆發性的新文化？「這種環境下，人是很難終身學習與成長的，我們想要買書、欣賞表演，想要在藝術中得到成長，要提升自

己的軟實力都是相對困難的，整個知識經濟的發展也相對不容易。」

## 成為一隻鳥

鄭麗君沒有把自己裁剪打磨成政壇需要的樣子，她反而就用這一身天真，做出了另一種政治人物的姿態。想起她剛做青輔會主委時，那張坐不到後背的椅子，後來她自己帶了張小椅子去，在辦公桌前沒什麼氣場，但實際耐用，一用就是到如今。

言談中，她很喜歡說理想：「妳會不會遺忘妳的理想？妳能不能推進理想？要怎麼帶領夥伴去改變結構與推動新思維？」鄭麗君很在意初衷，我們要她推薦關乎自己生命與政治的閱讀，說到底都是初衷。

高中時她經常在重慶南路的書街上混：「零用錢不多時就站在書店看，重慶南路書街大概是我人生中很重要的一段路，可以走好幾個小時，錯過晚餐時間。」當時，有一本影響她生命觀的重要之書：「我那時讀赫塞的《徬徨少年時》，裡面很重要的幾句話是說，其實每一個人的人生，最終都在尋找一條走向自己的道路，在尋找『我』。書裡的兩個角色，辛克萊跟德米安，這一對朋友也是一個比喻，比喻理想中的我。」

這本書很適合提醒她從政的理念：「我覺得，每個人都要去回答你要成為什麼樣的自己，在現實生活中要成為一個如自己所願的自己並不容易，但是每個人要為自己承擔與負責。或許有股，一直想要追尋的熱切，也跟這本書有關吧。」

「一隻鳥出生前，蛋就是他整個世界，他得先毀壞了那個世界，才能成為一隻鳥。」——《徬徨少年時》

骨子裡深植反抗的鄭麗君有逆女性格，不斷啄著體制與框架的外殼，渴望看見新世界。她再選了一本書，分享自己的生命觀：「我在法國除了唸哲學也修經濟學，喜歡跨領域閱讀，但是我學法文的過程有一本書，妳們一定都讀過，叫《小王子》，裡面有個重要的提醒，就是說不要成為你不喜歡的大人，每個人都曾經是孩子。」

這個答案很通俗，卻也真切：「這件事也是不容易的，我的人生志願，等我年紀大了，我要當一個快樂的老女人。」怎樣才能成為這樣的人呢？「我滿害怕回想自己的人生，只記得擔任過什麼職務，而不是完成什麼事。如果活到那時，還記得自己完成了什麼，按照自己的初衷走過了，應該就會是個快樂的老女人。」

她特別叮嚀我們：「講這個老『女』人，妳要寫喔～因為性別也有它的考驗跟挑戰。」隨後又跟我們玩笑怎麼只有兩本書的額度？「文化部長要選兩本書不容易啊，我很喜

歡讀書的。」

不喜歡穿裙子，不愛拍照，結婚時沒有婚禮沒有婚戒，就連婚紗照也沒拍。今天我們帶她穿上褲裙，雖然有點彆扭，但她還是非常配合行程地穿上了，只是面對著十幾個人爭先恐後拿手機側拍，她難為情地說：「你們轉過去啦。」

好久沒有散步的她，走路時離團隊遠，一心靠著樹，慢慢走著。看樹時她的神情，連同風吹起裙尾的淡淡粉色，閃出微亮的光澤。戲劇化的是藍鵲展翅華麗飛過她身邊，鄭麗君沒像我們驚呼，只是尋常：「自然有它們自己的樣子。」

樹一直強壯而安靜，站在那裡，終將成為快樂的老女人。

**專訪兩年四個月又二十六天後**

鄭麗君帶來幾個與孩子有關的物件，辦公室因而柔和了起來。

橘色圍巾，是七歲孩子織的。奧運時，兩人一起看轉播，孩子手上鉤針不停，碰巧看見英國跳水選手Tom Daley，相視而笑——原來也有人和自己一樣，會邊織毛線邊看比賽呀。

那是完全不會編織的鄭麗君，也能觸碰的溫暖柔軟。

卸任後她和孩子參加共學團，週六常去爬山。以為是她帶孩子出門，其實是孩子帶她：「有時候看到天氣不好就想偷懶，可是跟他商量，披件雨衣還是要去。夏天快四十度，我還在調整身體，但孩子都不怕大太陽、不怕下雨……」

孩子讓撐把小傘的她發現：「其實下一點雨是最棒的，走步道就包場。」講到這樣的小事也笑得很開心。

打羽球、打網球、爬山，鄭麗君說很像人生再來一次的體育課。她們固定造訪一棵巨大榕樹，在氣根下玩土，順著枝幹攀爬，又或是拿根草繩盪鞦韆，有時一群孩子爬上去聊天，「我覺得那棵樹好像了解每個孩子的心情，孩子會跟樹講話。」她想到自己常用種樹來比喻文化發展，現在，確實有棵樹看顧著孩子了，「光是爬一棵樹，對他影響就非常大。」

攤開今年收到的生日卡片，孩子畫上一座山，像留在兩人身體上的生命註記。「讓我重新體會生命的成長。人在大自然裡會放鬆，產生一種與自然的連結，並內化成生命的力量，幫助他發展他的能力，發展他的信心，他就有一種很平靜的快樂。」

鄭麗君是習慣動腦的人，孩子也早早學會閱讀。是在動了身體後，感官活了起來，她才看見內在如何長出意志力與自信——那是從前我們忽略的學習。一路關注教育的她也反思：教育不是教給孩子什麼能力，而是透過陪伴，讓他自己發展出能力，成為更好的自己。

陪伴成為她生命中非常重要的事，這是過去自己始料未及的。「年輕的時候覺得自己不太容易結

鄭麗君提供

婚生孩子，因為我很忙啊，忙著要做『我』想做的事。但我先生讓我有信心說，『我們』是可以一起的。」孩子的加入也是，「過程中感覺自己也可以不一樣，妳很甘於做這些事情，去愛人。」

「我」因而擴張：「我喜歡談自由，自由是做自己，但不是狹隘的我，這個『自己』是開放的，生命是開放的，當妳越開放，那個我會越大。」

原來「我想做的事」也可以包含「我們」。許多人感覺家庭與社會像束縛，但鄭麗君在裡面看到人的無限可能，「當我跟我們互為目的，一個人可以為我們努力，但妳也在實踐自我。」偶爾她為自己語言太過抽象輕輕抱歉，但講的其實就是有關愛與成長的事。

這樣的學習也放大到她在公眾政策上的思考，卸任後她受邀到北一女演講，重整自己三十幾年來的關注，回頭看，原來模模糊糊之中：「我都在追求自由。」

從對抗體制的個人自由，到為他人追求自由，「好像時間越久，越知道民主的目的是為了回應每個人對自己生命的期待。讓每個人在實踐自我的時候，不是單打獨鬥的，我們是可以有一個社會共同體，可以支持每個人。」她看見最根本的、普世的追求：「百行百業，每個人在生命裡的每一天，就是希望有點生命自由度，明天可以比今

天更好。」

孩子在自然裡長出自己，那進入社會長大成人的我們，能不能在社會裡繼續把自己長好？

這是自由與民主的悖論。網路社群時代公共論述失能、民粹崛起，每一個「我」都在疾呼，卻難以形成「我們」的共識。鄭麗君選擇對民主的核心價值保持信心：「就是透過好的思辨，做出每個人的選擇，然後我們一起負責。」

怎麼平等？怎麼自由？她說，要再想得更深一點，更遠一點，更廣一點。

卸任後她專注青平台，新設「永續民主研究中心」和「民主治理學院」，也與《鏡好聽》推出「自由六講」從不同角度探究自由與民主的意義，這是從前沒有餘裕做的事。永續民主研究中心設有七個研究平台，從社會暖實力到個人軟實力、從氣候變遷到創新經濟、從區域治理到國際連結，邀請一百多位諮詢委員與顧問團，稱為「社會智庫」。她說，未來我們要面對的問題，都是跨領域的，需要系統性的改變，當然也需要一個跨領域的組織。

「我們習慣單一問題、單一解方、單一政策，但是，『真正重要的事情，往往是眼睛看不見的』——《小王子》裡面有說，真正重要的問題也是呀。做公共事務，就是要比別人更看得進結構和系統，去思考系統性的改變，否則只

是在頭痛醫頭腳痛醫腳，甚至頭痛醫腳？妳沒辦法改變大家所處的環境。」

依然有人質疑鄭麗君理想性太重，她承認，甚至珍惜這樣的自己：「隨著年齡漸長，我覺得我有一點點自信是說，台灣的政治需要這樣的人，堅持理想，才會有多元的可能。」也是這樣的特質讓她面對困難時，依然保有前行的力量，「我覺得做政治人物最重要的是，要為社會帶來希望，要去想像未來。不是只靠口號或少數一兩樣政策，而是去把那個社會圖像想清楚。」

《小王子》是鄭麗君訪問時常常提及的書，她一再重讀，像一再複習自己的初衷。疫情期間唸給孩子聽，決定也自己動手翻譯，孩子睡著後，一句一句推敲思考。即便知道《小王子》有非常多優美譯本，但她想寫下自己的版本。

寫下來，像是希望自己未來也堅守：「我在做事的時候，我要清楚知道我為什麼這樣做，我在生活的時候，我要知道自己為什麼這樣生活。思想、行動、生活，要盡可能一致，這不容易，人生是一個協調的過程，但越趨一致，會有一種踏實感。雖然妳知道路很遠很遠，但也知道妳在路上，不會迷失了自己。」

想得更深一點，更遠一點，更廣一點，然後去做。這就是鄭麗君的「我」。

專訪撰稿 李姿穎

後記撰稿 溫若涵

攝影 王晨熙

服裝協力 Dleet

**珂拉琪**

用和阿嬤交談的方式寫歌

〜〜

原專訪刊載於二〇二一年四月二十七日　受訪者回顧於二〇二一年九月二十三日

## 妹妹

「殖民者忽略的是：工藝品是族人生活的一部份，殖民者
在破壞族人傳統生活習慣時，卻將傳統工藝從中抽離作為
『藝術品』，變成可買賣收藏的物件，殖民者欲保護『原
始藝術』的行為同時改寫了傳統工藝之於族人的意義，預
示了接下來台灣原住民面對全球化來臨的景象。」

——夏子·拉里又斯《當代服裝設計中的原住民文化再製與文化論述的
建立》

夏子的學士畢業論文裡面，一個一再重複回溯的時間點，
是一九三五年日治時期台灣的「始政四十周年記念台灣博
覽會」。

在這場為期五十天、台灣史上首度以全島規模對世界展示
帝國治下之風土的博覽會上，被日本政府描述為「教化有
成」的部份原住民部落，第一次公開演出本該不能有外族
參與的儀式和舞蹈。

在殖民者以觀光為最終目的的安排下，原住民生活樣貌作
為一種奇觀，被擺放在原始主義所想像之帶有自然、人性
原初本質的「高貴野蠻人」位置。從那之後，在台灣這座
島，原住民將自身日常作為一種展演的命運似乎從不間
斷。有時，那所謂的日常甚至是他者的發明。

訪問前我找到夏子 Facebook 相簿裡一張照片，她穿著

亮洋紅色的部落服飾參與豐年祭。漢人們不會知道那顏色的來歷是五〇年代國民政府為了花東觀光政策，「輔導」阿美族將服裝改為適合歌舞的紅色、粉紅色系；也不會知道她上半身的霞帔，是六〇年代瑞士籍修女魏克蘭引進中國侗族服飾融合阿美族十字繡而成，配上日本製的銀珠、塑膠亮片，為的是替部落找到不需昂貴材料也能製作族服的方法。

原先與部落生活經驗與階級體制緊扣的工藝，服膺殖民者的教化與觀看目光後產生質變，爾後殖民者卻反而意欲「保留」原住民的「藝術」，甚而質疑原住民不夠像原住民──這只是夏子三十頁論文裡種種批判其中之一。

然而平日裡，夏子戴著口罩，只露眼角眼影，輕聲細語，自稱社障（社交障礙之簡語）。原以為這打扮和日本覆面系歌手脈絡相承，她卻告訴我遮臉示人僅僅因為比較自在。論文早就寫好，如今延畢只因體育課沒修完，「就混而已啦，沒什麼特別原因。就混。」

高中考上桃園第一志願武陵，母親眼裡的夏子卻「突然不讀書了」，老泡在社團，開始聽金屬、學吼腔。

「我媽本來不太喜歡我這樣，就覺得一個乖小孩，成績怎麼變吊車尾。」夏子沒想到爆紅之後，家人倒成了鐵粉，父親每天必刷一次珂拉琪 YouTube，隨時回報最新留言，身兼科普（珂普？）大使。「他會跑過來說：妹妹，有人

留言說你們那句歌詞是在講什麼什麼，真的嗎？」

夏子為珂拉琪歌曲繪製插畫封面的技能～是因王程師母親認識一位電繪板代理商客戶、隨時能取得免費高級繪圖設備而練就；長夏子兩歲的哥哥讀心輔專業，兄妹倆平常會聊心理學中注重個體差異的論述，與後殖民理論下個人面對族群群體的矛盾——全家人寶愛的妹妹，今年哥哥入伍當兵，一回家就問：我可以跟其他役男說我妹是珂拉琪主唱嗎？

夏子：刪除。

相形之下，最初邀請夏子一起做歌、催生珂拉琪的王家權，反而沒有這麼幸運。

## 哥哥

王家權重考過一次，從教育學院轉到商院，大學唸了七年。「本來我信誓旦旦跟爸媽說，我商學院畢業之後要去唸 MBA，他們非常開心，存了很大一筆錢給我。」此刻他身穿全黑蓬袖襯衫，頸鍊、胸前掛銀色骷髏，和大學時包著連帽外套參加歌唱比賽的樣子相去甚遠，「結果有一天，我就這麼屁囝（phuì-kiánn）地跟他們說，我還是想做音樂。」

說「還是」，是因為王家權音樂早已玩了多年。最初練吉他的契機，是《楓之谷》：

「國中打線上遊戲，認識兩個網友，其中一個是高中生，對我們像大哥顧小弟一樣。有天他傳一個影片過來說『欸我彈了周杰倫的〈晴天〉~~，然後彈得超爛。~~』」

王家權：後來覺得自己訪談時真沒資格用到這個字眼，內心對故事中的他感到相當不好意思。覺得每個人在追求自己熱愛的事物時，保有自己最舒服、自在的節奏就是最棒的一件事。

王家權的確有個親哥哥，也比他大兩歲。哥哥是王家權的音樂啟蒙，從小帶他聽周杰倫。家裡的吉他，是哥哥上高中加入吉他社後買來，不練了，王家權拿來練；後來王家權在成功高中吉他社做歌，當貝斯手，手上的貝斯也是哥哥擱在家裡的。「~~雖然現在知道那個網友彈得很爛，但是~~那時候看，覺得他好帥啊！坐在校園裡面，瀏海長長垂下來……」十五歲的王家權不停地、不停地重播那支網友為了耍帥立威而傳來的錄影。

王家權：刪除。

「我就一個音一個音硬 A，譜上寫手指要放哪一格，我就拗手指硬放。」王家權這樣學會彈第一首歌。

無論考上哪一間高中，他都篤定要加入吉他社。當年的成功吉他，每屆開學時約有七、八十個人入社，一年後會剩不到十個。「你練不好學長就罵，成發時我們負責打雜；走廊上和學長問好，學長會嗆你快去練琴。」學琴如從軍，初學者要練封閉和弦，成吉的練法是叫學弟用手指夾住指板、舉著琴跑操場，琴不准掉。

第二年，王家權成了社長。學長說，因為他從來沒有離開。

為什麼不離開？「喔，我就覺得學長真的太神了。」

「那是一個，尋找自己的過程吧。有一個你願意用一生去追隨的背影，讓你知道活在這個世界上是可以去接近那個存在的。」

追隨著各種哥哥的背影，直到自己也成了哥哥。

如何知道正在接近那個遠方，王家權說，就在每一次做音樂的過程裡。上了大學，他發現社團比起創作更重社交，沒再加入吉他社，倒是與高中時的朋友組團，跑各大學之夜演出；團員來自幾個系，就有幾個系的舞台可以上。同一時期，小他五歲的夏子才剛被同學推薦聽宅歌，上網研究虛擬歌手，發現新世界。

從那時起，王家權就已經養成自己掌握大部份音樂編作的習慣。大學之後，是否選擇繼續鑽研樂器，會形成學生之間程度的大幅落差。王家權屬於程度較好的一方，一手攬下抓歌編曲的工作，團員們也樂見自然。

「創作的時候，我習慣一個人完成所有的東西。譜我就是點成這個樣子，你可以幫我還原，但不要改。這不是自視甚高，只是覺得溝通會很麻煩而已。」往後，這樣的製作習慣也延續在珂拉琪的合作模式上，夏子與他輪流擔任製作，更動編

王家權：現在漸漸捨棄了這個想法。隨著一路上遇見更多厲害、專業的合作對象，會不斷意識到自己的不足之處。每次溝通都是很棒的學習機會，不會想再那麼刻意保留過往那份頑固。

曲的底線緊抓在主導人手中。

二〇一六年，由王家權作詞作曲、他擔任吉他手的樂團「哈哈珊珊」的作品〈半透明〉，登上 YouTube 頻道「樂人TV」的 Campus Voice 單元。不過，學弟妹們口中的小哈學長，很快就發現木吉他對自己而言存在極限。

他在那時遇見日本樂團 RADWIMPS 的音樂。接替周杰倫成為王家權下一個前方背影的野田洋次郎，在〈有心論〉的歌詞這樣寫：「為了不讓任何人在角落哭泣，你才把地球做成圓形對吧？」

「再繼續鑽研，木吉他可能要往 finger style 或 acoustic去，」他說，「但我意識到自己不是想要成為一個非常會彈吉他的人，而是想要成為一個能創作出這樣，呈現出既痛苦又美好的世界的作品的人。」二〇一七年底，王家權毅然轉向電吉他。而在那之前，他與同輩人也隨著年紀漸長，遭遇迎面而來的外部現實。

「哈哈珊珊結束之後，我跑去重考了，一段時間沒有玩音樂。」從師大公領到政大企管後，近兩年的音樂空窗期，王家權找了金融產業的實習、向父母開了那張種下往後分歧的支票。「哈哈珊珊的主唱吳姈珊也考上律師，我覺得我之後應該也不會做音樂。」

「然後，我出了一場車禍。」他說。


## 對方

在家休養一個月，王家權發現自己的人生很假。

「我明明不喜歡商科，卻還是拿這件事和爸媽談判。」對他來說的撞醒，在父母眼中是撞傻了。同一時期，韓國瑜崛起，爸媽開始跟著遊行、家裡出現 Q 版韓國瑜手旗，王家權和他們的關係墜入冰點。

社會期待的時鐘也開始倒數。他即將畢業，隨之而來的是替代役期，再接下來是就業。畢業前夕才向音樂回頭，他到台大椰風搖滾社找新團員組成「人造人類」，從民謠曲風轉向電氣搖滾，偏偏成團後主唱也要轉學考。王家權欠著人情債回頭找吳姈珊，請她錄完人造人類第一張、也是唯一一張 EP。

吳姈珊告訴他，這是最後一次幫忙了，她要去當律師了。EP 發表後，王家權入伍，人造人類休團。

「這就是為什麼，我那陣子只能參加像『天下第一閃靈改造大會』這類不用 live 的比賽。因為我哪裡都去不了。」

線上投稿 demo 的音樂比賽，成了王家權那時少數幾

個做音樂的選項。沒有主唱、團員在忙，幸好他長年習慣自己寫歌。百無聊賴的替代役生活，他想起幾年前演算法送到他耳中、夏子於武陵高中熱音社時期的作品〈五八·肄業〉。

幾週後，夏子將會收到一封特別不同的邀約訊息。「我很常收到奇怪的邀約，聊沒幾句就裝熟。」進入北教大的夏子一樣沒玩社團，本想和武陵時期的團員、武陵第一劍豪 Kyon（背上時常揹著一把劍，並會使劍和別人決鬥的一名友人）繼續合作，但劍豪考進東華大學，兩人線上玩了幾首歌，沒搞出名堂。社障夏子索性自己用軟體做 demo、幫唸數位創作系的堂姊和朋友做畢製遊戲配樂。

夏子：奇怪的邀約是指愛裝熟或不斷進行男性說教；家權寄來的信以及後續的討論過程都不會這樣，從溝通方式就大概可以判斷這個人適不適合共事了。

「配樂編曲和寫歌邏輯不太一樣。寫歌的行進可能是一個主歌一個副歌，但是配樂通常會一個 loop 一直跑，中間去做一些變化。那陣子我寫了很多這樣的東西。當時不會彈電吉他，也沒有器材可以錄音，所以 demo 裡都是一些假假的電子音效。」以珂拉琪名義發表的〈TIC〉、〈紅弁慶〉和〈MALIYANG〉，都是夏子該時期的作品改編。

夏子：現在並不覺得樂器的真假有一定的優劣之差，只是當時能力有限無法藉由軟體達成想要的音色，做出的東西很呆板。

〈五八·肄業〉對那時的她而言，也已經算是黑歷史。為了諷刺當時的武陵校長林清波對反黑箱微調課綱運動的發言，也為了做出一首能和師大附中〈古默寧〉

齊名的惡搞畢業歌，夏子和社團朋友一起完成了這首創作。有趣的是，演奏這首歌的樂團和當屆的正式畢業歌〈微醺〉，樂手倒有不少重疊。

為了進行閃靈歌曲的改編，王家權想起了夏子的吼腔。「〈五八・肄業〉很符合我對創作的其中一個美學觀，就是創作者必須跨過孤芳自賞的階段。做畢業歌，很多人是寫給自己看的、只把自己的事情寫清楚。」即使不是武陵人，不認識武陵校長，王家權依然感覺到了歌聲中的憤怒與嘲謔。

邀約訊息裡，他寫出自己的想法，並附上誠懇自我介紹。光是這樣，在夏子的經驗裡就已屬少見。王家權包辦了參賽曲〈合掌〉的改編、錄音室的安排、還附上一份歌詞台羅拼音給不諳台語的夏子。她點頭了。

他們拿下「十九歲以上組」冠軍。而混合了兩人相異的音樂養成：宅歌與 RADWIMPS、周杰倫與 VOCALOID、民謠與金屬的珂拉琪，也於焉成形。

## 自己

二〇二〇年初，珂拉琪的 YouTube 頻道還只有〈這該死

的拘執佮愛〉（原名〈這該死的拘執與愛〉）和〈葬予規路火烌猶在〉（原名〈葬予歸路飛灰猶在〉）兩首歌曲。

搶下街聲排行榜首、YT 點閱衝破六位數時，兩人很難過。

「因為它紅得有爭議，就是台語的部份。」王家權說。

發音與用字表記的爭議，讓他們壓力驟大。「很多留言說，你們很好但是很可惜……妳知道他們在稱讚妳，但妳一點也沒有被稱讚到的感覺。」當時夏子正忙畢業製作，內外夾攻，瀕臨崩潰。她差點對王家權說，她不要再唱台語了。

讓她愧疚更深的是自己的論文研究主題：「對台語而言，我也是挪用，我挪用了一個我不熟悉的東西。」然而，後來願意繼續唱，也是因為論文的思索，「其實別人挪用原住民元素的時候，就連愛莉莎莎事件，我都覺得只要事後願意道歉改正，我就可以接受，覺得是促進討論的機會。」

不能逃走。「既然我希望人家那樣做，我認為自己也必須如此。」

作為最早兩首歌曲的主創，王家權在迴響發酵期間，便決定參與閩南語語言能力認證考試，最後在去年考過 A2 初級。在夏子因畢製地獄而無法錄音的期間，他為珂拉琪準備了一份歌單功課，從四月望雨聽到陳小雲，再聽到林強。一首〈春風少年兄〉讓兩人意識到台語聲腔的美學效果，

「『春風微微』四個字，咬字加強，非常漂亮。」

「那個咬字咬出來，情感會比中文力道強很多；閃靈做台語吼腔的時候，也有用上這個東西。我聽完就覺得，之前怎麼那麼笨，都沒有學。」夏子說。往後再唱台語，她的聲線不一樣了。

為什麼最初選擇唱台語？他們說，如果要煽情的回答，那麼，是因為太好玩了。

「我試過把〈葬予〉的曲用中文填詞，」王家權說，「『你跤步愛踏予好 / 連鞭過橋就好 / 眾神衛旁』，中文我填了『而我只能看著你 / 穿過整個冬天 / 無盡黑夜』，就覺得力道差很多。」即便熟悉，卻沒有成就感，「我寧可把台語學好，然後把作品完成到理想的樣子。」

修正台語用字及發音、重新上傳的〈這該死的拘執俗愛〉和〈葬予規路火烌猶在〉，如今觀看數超越舊版。珂拉琪仍把舊版檔案留在頻道裡，像一份自我提醒。

夏子：「修正」並不是否定台語本身存在地區差異或多樣性這件事，而是因為我們在最初創作的時候並沒有做足夠深入的研究，導致一些中文硬翻台語的情形。

這一切與台灣文化的再現或責任無關。兩人談起作品爆紅後的聽眾回饋，常常有一種各取所需的歧義性，如同原住民文化被他者觀看而加諸意涵：支持台語復興的研究者聽見珂拉琪，讚揚其語言的使用；金屬迷肯定吼腔隨著歌曲更廣闊被接納；聽慣宅歌的圈子稱許他們

將 VOCALOID 的聲響特徵帶入台灣聽團仔的耳朵——信仰不同事物的聽者，都從珂拉琪的作品中找到各自認同的面向，將其放大；與此同時，夏子和王家權明確表達自己只是在做「私書寫」。

「像〈MALIYANG〉，是在我阿嬤葬禮之後坐車路上寫的。我沒有在想我要用族語還是日語，是我阿嬤本來就用日語和族語加上很破的中文和我溝通，我只是用我和阿嬤交談的方式寫歌。剛好有人有相同的經驗，他就會覺得他看到台灣真實的樣子。」夏子說。

王家權的作品也是如此，「〈拘執〉本來是一首情歌，後來變成一個韓粉的小孩對父親的傾訴，歌曲中的感情變得更接近親情，」王家權說，「但大家感受到的，和歷史事件的對應，也不是誤解。我們把很強烈的情感做出來，你可能說不出那份愛是什麼，但你感覺得到，能把那份情感投射到你在乎的事物中。」

王家權：很訝異自己當時很自然地就，拿起那麼指涉的標籤貼上。現在看覺得這個舉動太挑釁，不太會再用這個方式談論這首歌。

隔一段時間再回頭看一遍〈拘執〉，那個創作心境當下的混亂已雲淡風輕。願它仍是一面明鏡，在觀望時照出生活中那某部份說不出口的情感。

聆聽珂拉琪作品的啟發之處在於，大部份聽者可以分辨出歌曲中哪些元素是「我們」的，哪些「不太像是」。然而，所有元素卻被台語、族語等與特定文化認同有強烈聯繫的元素捆定在一起，並藉由風格化唱腔的應用來強化作品的整體性。

盧克拉斯特（Luke Lassiter）提出的「文化乃共享且經過協商而來的體系」，在聆聽珂拉琪的過程中體現：那些不是我們的元素，最終擴張了我們對自己的想像。

## 彼此

「……像神話故事這個系列，設計概念是來自於布農族的太陽射日，變成有點像哥德彩繪玻璃的形式，所以我就把彩繪玻璃結合 art deco，融合原住民的圖騰符號，產生這種又科技又神祕又有宗教感又有民俗風的奇特的印花風格，把這些傳統的文化經過比較當代的角度去切入。但是我在創作的時候一定要非常小心，因為有些圖紋符號對族群而言是具有代表性的意義，或許有些圖騰符號一般人是不能使用的，或者有階級上的限制，為避免這樣的爭議，所以我基本上都是二次創作，把它破壞、重組，加入個人的想法……」

—— Sabra Andre，於二〇一九年公視《藝術很有事》第五十集訪談。

開頭所引的畢業論文中，夏子嘗試比較文化元素的不適當挪用與成功創新之間的區別。

撇除何謂「真正傳統」的大哉問，她以近十年花蓮縣府的聯合豐年祭作為負面例子：草率地將各族服的元素去脈絡地拼貼在一起，無視一個符號元素與其生活樣態的聯繫，冠以「現代的創新會變成明天的傳統」之名，僅只是

讓「多元文化展現」成了強勢階級隨意取用其他文化元素的藉口。

我們於是理解，團名「珂拉琪 Collage」，與其說取其拼貼之意，更注重在進行拼貼之前，以創作者的尺度盡可能有意識地拆解素材：拆解，一方面是為了抵抗刻板化的觀看，而最終的目標，是藉由組合之後的美學效果，讓聽者被吸引、得到主動理解背後脈絡的契機。

拼貼的過程，既不是「承繼最原初的模樣」，也不是「沒有理由的混搭」，尋找存在於兩者之間的適當位置，珂拉琪在這一點上展現了他們作為創作者的才能。當聽眾關注於各種曲風元素的重組，他們思考的則是這些元素擺放與創作意圖的連結性，例如夏子的吼腔在〈拘執〉裡被放在歌詞意圖傳達神性的位置，目的是作為與清腔演唱時的不同敘事者人格。

在完成拘執三部曲：〈這該死的拘執佮愛〉、〈葬予規路火烌猶在〉、〈萬千花蕊慈母悲哀〉之後，珂拉琪在今年三月發表新曲〈蓮花空行身染愛〉。這兩年，他們不只一起寫歌，也真的如兄妹般影響彼此人生。

夏子的畢業論文，王家權也讀過。「她教會我一種對多元文化的包容心。我爸媽會這樣思考，是因為過去的背景、過去的教育，責任並不是在個人身上。我不能唸完大學拿一個鎚子去鎚掉他們二三十年的信仰。總之，他們現在

支持韓國瑜，我也覺得還好啦，公仔？旗子？古錐古錐（kóo-tsui）啦⋯⋯」退役之後，靠著吉他教職與音樂平台編輯的工作，王家權養活了自己，換得父母不再介入。

成了上班族的哥哥路過房間時，則會伸頭進來模仿珂拉琪的歌：攏予你～全部攏予你～～

夏子和王家權在同一間音樂教室教課，準備畢業後開設自己的工作室。兩人的共同目標，是接下來要發行珂拉琪的實體專輯。如今她住桃園，他住鶯歌，兩人見面卻常在台北。

夏子說起出身，也像一首珂拉琪：「我沒有家鄉的概念。我在屏東出生，在台東度過一部份童年，然後在台北唸到小學二年級，三年級之後搬到桃園唸到高中畢業，大學時期都在台北住。」

訪談結束當晚，我看見家權在 IG 發的限時動態。照片裡他坐在區間車上，鏡頭應該是夏子的視角。限動裡寫，今天身上的裝扮是夏子幫忙配的。原來，這是他第一次嘗試哥德蘿莉塔穿搭。

雖是第一次，專訪攝影照裡他卻沒有硬生拼接的尷尬。與

王家權：現在覺得很可惜，當時的自己似乎太執著於政治立場不同，導致言語顯得很尖銳，錯失了許多機會聊聊爸媽的其他面向。

專訪後，我常憶起這幾年與他們的相處片段，發現他們其實也一直默默用自己的方式在表達對我的支持，只是我的視線太狹隘而沒有意識到。對此我深感愧疚，也很謝謝他們。

身邊的（資深）蘿娘夏子並立，察覺不到一絲縫隙。

站在一旁的我心想：啊，這就是珂拉琪。

**專訪四個月又二十七天後**

直到現在，有些親戚還是會問夏子：妳們的歌那麼好聽，為什麼不做中文版，讓更多人聽到呢？

倒也不覺得冒犯，現在的珂拉琪知道那是因為真心覺得好聽才給出的「友善建議」。他們自己也曾體驗過即使相隔一道語言也被音樂征服的魔幻時刻：第一次聽大港開唱，家權在海邊看到日本金屬團 SiM 的團員們穿著西裝，血紅領帶，金屬曲風裡加入雷鬼元素；激昂中偶爾穿插幾首抒情慢歌，主唱抱著麥克風自溺地唱到荼蘼，高潮處卻又加上幾句吼腔點爆情緒。聽不懂歌詞，卻深深著迷。

遇見 SiM 之前，家權聽各高中社團翻唱陰陽座，被他們在搖滾裡摻入傳統文化、鬼神故事的作法吸引；另一個樂團極限賀爾蒙一首寫給《七龍珠》弗利沙的〈F〉，則讓後來的他領悟如何藉由歌詞和演唱，變化曲中角色的對話空間。

不過，喜愛一件事物的初始，常常不知道原因，只確定自己想要靠近。大學時的夏子翻唱日本歌曲，也是往後才發現自己唱歌時的咬字受到當時 cover 的歌手 LiSA 影響，帶有某種「洋味」，唱腔也有和樂器樂團的主唱鈴華優子的影子。「就像有些影片會教人『如何發音聽起來才像外國人一樣道地』，一開始都是先模仿，之後才慢慢從中學習、找到屬於自己的東西。」

訪談後不久，家權辭去正職，正式開始與夏子進行新專輯製作。作品結構很早就想好了——家權和夏子都將在作品中放入各自的三部曲，之間以數首獨立曲目串接，共計八到十首歌。也是在和錄音師討論的過程中，自己的過去常會在無意間被揭穿：

「日本流行音樂的一個特質是聲響偏亮尖，節奏組常常有很炫技的東西。我在編曲的時候會把這樣的東西編進來，把貝斯當成 solo 在編，單聽是很漂亮的，但就少了一些原有頻率的襯底。」夏子說。

「錄音師和家權就會提醒我，幫我多墊一軌吉他在下面，或者直接點一個貝斯讓我體會。」

大港那場演出後，家權找了 SiM 的歷年作品來聽。二〇〇八年的專輯《Silence iz Mine》裡他們翻唱披頭四名曲〈Come Together〉，接在一分多鐘的演奏曲〈Dubsolution #1〉後一氣沆瀣，「到現在，聽到那幾首

歌的合成器一按出來，我的心跳還是會加快，」家權說，
「後來我好像一直在追求那個東西。〈拘執〉三部曲裡都
有放飄散在空間中的合成器音色；在搖滾或流行的旋律裡
寫進一兩句吼腔給夏子唱，可能也是受到 SiM 的影響。」

有些東西先擁有，慢慢才明白。日本 VOCALOID 創作從
早期偏向搖滾曲風到如今加入更多流行電音元素，歌詞也
從過往常以中世紀傳說或日本神話故事起筆，到現在百花
齊發。夏子特別喜歡的 V 家歌手 Eve 在作品中常先建立
一個幻想世界觀或心理狀態，用簡單的字詞暗示隱身的冰
山，再與 MV 轉譯為整體視覺；不同於〈拘執〉三部曲以
事件陳述為核心，夏子的三部曲將從〈MALIYANG〉發
展出系列世界觀，「也因為要做世界觀，我要找到我熟悉
的、有 fu 的題材，篩選能發展成作品的來寫；然後曲風
的選擇、怎麼跟其他的歌做串連……其實寫歌很快，是前
面的醞釀和後面的整合花很多時間，專輯才會一直做到現
在。」夏子說。

「我們的共識是，不想只是把做好的歌塞在一起，還是想
要把風格好好統一一下。」家權說。

「不想要變成那種什麼，首張同名專輯。」夏子接。

忙著做專輯的半年，家人的相處也有些不同了。半年後再
讀專訪，家權在談及父母的篇幅糾結再三，「其實我並不
是那種家庭革命裡的小孩。之前確實是有些政治上的糾

葛，但我在訪談時只講了這件事，沒有辦法表現他們的其他面向，對他們很不公平，滿慚愧的。」

那，他們哪裡變了？「以前他們看到我在玩樂器，會說『你怎麼還在弄這個』。但最近，我買了一顆新的效果器，我爸看到的時候說：你買的這個新東西，滿帥的欸。」

夏子笑了，畢竟效果器大抵是旨不在帥的，「妳可以感覺到他們可能沒有很懂，可是支持妳。」

「我覺得，這一點超重要的。」家權說。「我媽會說，你做這個不賺錢，但她也不會過來把我的導線拔掉。」

夏子的家人更熱情一些，「吃飯的時候我媽會說，妳們那個圖很漂亮捏，啊周邊商品就要多做一點啊！」明白他們是真心關心才這樣說，這類話語也就不顯刺耳了。

恰如那些詢問要不要做中文歌的意見，珂拉琪識得話裡暗藏的文化對峙，但收下其中的愛。

撰稿 蕭詒徽

攝影 蔡詩凡

**周墨**

喜歡所以節制

～～

原專訪刊載於二〇二〇年五月十五日　受訪者回顧於二〇二一年十一月十二日

面對志玲姊姊的浪漫長捲髮，他請髮型師束起馬尾；如果時尚雜誌的女星總是漂亮高清，用投影機模糊與失真的二手影像未嘗不是美。即使拍了好幾次的田馥甄、徐熙娣、曾之喬，每一次都像第一次去拍那樣。

「如果已經沒什麼好玩的，我可能就回去賣早餐。」

把不太合情合理的造景拍得順理成章，將紛亂高壓的現場再譯成侘寂，周墨的攝影師生涯，可以從辭職開始說。

## 爸媽，我又離職了

周墨最近在社群廣招助理，坦承工時長，「我們每天工作大概十四小時，今年二三月總共才休五天。」還特別附上一條媽寶條款，「還沒經過家人同意的，我沒辦法幫你說服你爸媽喔。」不少助理從他這邊離職，都是因為家長不同意。

他也曾被不同意。

二〇一二年，父母說了「不要吧」之後，周墨北上做攝影助理。在那之前，周墨已經辭了幾份工作。

大學唸外語，他一畢業就去鐵工廠做焊接。

「以前在學校校刊社,發現自己對平面設計有一點興趣,就去採訪跟拍照。我後來又跑去照相館打工,想說畢業以後要開照相館,結果我畢業以後照相館都倒光了。」幸好彼時在照相館學會了精修皮膚與合成,至今還是用得上。

第一志願泡湯,就跑去職業訓練局看看有什麼活,對平面有些好感於是學習了工業繪圖軟體 AutoCAD,拿到一張證照,「但考完也不知道要幹嘛。」

「我媽那邊的長輩朋友介紹,說有個鐵工廠,你兒子不知道做什麼就去做一下。我就去摸鐵啊、焊接啊,當時樓下是工廠、樓上是繪圖設計部,我看他們坐那邊好像滿好玩的,下班就去學繪圖軟體。」學習在他語中輕鬆得不像個事。

好巧不巧,親戚對他發出「一起開飲料店」的邀請,「那時二十四歲,我跟親戚在桃園的元智大學裡面一起開飲料店,學怎麼做飲料,很認真地想要從事這件事。那時飲料店有兩面,另一面又開一間早餐店,我們就白天賣早餐,中午後賣飲料。」他語氣認真,覺得可能一輩子都會賣飲料那樣地去學習飲品製作,也學怎麼跟顧客交涉、交朋友。

「我在元智大學認識了當時他們攝影系的學生,覺得好像……有點有趣,沒有很明確地在玩。飲料店後來跟學校合約到期,我親戚說想在外面開,但我覺得差不多了,就去台北應徵了帷幕牆設計。」

他考到的 AutoCAD 證照派上用場。

帷幕牆設計為設計大樓的金屬外觀，周墨在大台北一隅一邊從事城市包裝，一邊挖掘野生的萬華與寶藏巖，「剛來台北，一切對我都是新的，Facebook 剛開始流行，我加入攝影社團，當時很流行拍紀實攝影，我放假就會去拍照，po 上去大家會給我一些鼓勵，有點成就感。」這樣拍了一年，近二十六歲時他決定辭職，去做攝影助理。

「大概做了攝影助理半年吧，我爸媽就問我最近怎麼都沒上 MSN，因為我在帷幕牆設計那邊都用 MSN 跟他們聯繫，以前他們看我用什麼就會跟著我啦，就這樣跟著我用 IG、Facebook，很發摟我。我就跟他們說，我沒上線是因為換工作了。」

帷幕牆設計登出，攝影助理登入，爸媽心臟不夠強不要看。

辭去了照相館、飲料店早餐店、焊接工、帷幕牆設計的職務，周墨來到持續十年的正職──攝影師。

**您好我是最菜的攝影助理**

「有一次我去 The Wall 聽 1976 的演唱會，透過一個朋友認識了一位攝影助理。」他打聽了入行的門路、幾個在徵助理的攝影師，也到《攝影家手札》找職缺。

誰知道，接下來也是一連串的離職。

周墨的第一份攝助工作跟的是網拍攝影師，做到第三天，另一個服裝型錄攝影師找他，他馬上提離職。「這位攝影師拍的都是台灣成熟女性的服裝品牌，跟我想的不太一樣，進去撐了三個月，就提離職了。」

豈料下一個攝影師也是拍熟齡服裝，露出有點痛苦的表情：「我有努力撐到半年。」

「再提離職後，我就跑去澳洲打工，那時候很迷惘，工作完後面三個月，跟朋友去公路旅行，旅程很快樂，但也真的很茫然。」就像那筆直沒有盡頭的公路。

半年後，周墨的阿嬤去世。「有點像是被阿嬤叫回來的。回來奔喪，打算結束再去澳洲，結果朋友打電話跟我說，民仕那邊臨時有缺一個 part-time，問我要不要去，我立馬說好啊！」

二〇一三、一四年，時尚攝影圈子裡不會有人沒聽過江民仕。即使「聽聞過風風雨雨、很操精神壓力很大要有心理準備喔」也要去一次。

在江民仕以前、斷續九個月的攝影助理在這裡歸零。「我買一些攝影技術的書，回家看書，隔天看現場。我去的時候民仕剛要從潮流轉時尚，那也是他的大爆發時期，我看

到很多打光調光方式，跟以前老一輩完全不一樣的東西。」
學光，學現場，學佈景，學應對，學自己手工製造道具。

如果攝影棚沒人使用，他二話不說去拍，「我在江民仕那邊拍得很瘋狂，假設我們那個月有四天休假，我四天都在拍。拍到後來，有時候工作上會犯一些錯，民仕給我的懲罰就是這三個月不能再拍作品。」他想了想：「我那時的確也拍太多。」有點懺悔之意，太多少作透露著孩子氣，大量殘影、明暗度高對比映照少年的抑鬱。

他的棚拍作品練習第一個拍攝對象是林哲熹。「當時他還是學生，我找他來拍，想拍有點舞蹈感的，拍出來的照片很晃，那時民仕有訊息我說我第一次拍這樣很不錯，我就很開心，開始一直拍一直拍。」做什麼事都用上兩百分力，他給我們看生命中第一組棚拍，我們直呼不像學生作品。

其實他同樣欣賞孩子氣的自己：「我也覺得，哈哈！」

《Marie Claire：玩物精品配件誌》二〇二〇年第四十期封面｜周墨攝影

## 下一個老師

二〇一四年底,江民仕告訴周墨:「你差不多可以出去拍了。」他成立周墨的臉書粉絲專頁,準備接案子。「二〇一五年一月正式接到案子,一個月大概一個,有時還沒有一個。」到了年中,他兼了一次製片,中國的攝影師曾無要來台灣拍攝,周墨幫忙場勘與聯繫,「那是我去上海最重要的契機。因為那次機會上微博看曾無的作品,發現他很厲害,二〇一五年底,想要嘗試新東西,我就聯繫了曾無。」

二〇一五年英國攝影師 Harley Weir 的出現帶動了整個時尚攝影風格的變化,從講究打光精細至五官立體,廣告形象的時代過渡到更隨興的態度:底片式、復古的、粒子感粗,一票這樣的風格開始出現。周墨在曾無的片子裡發現類似調性:「二〇一六年中我訊息他,跟他說我想去你那邊看看,如果需要可以找我當助手,也不用支薪,修片時我也可以去幫忙。」周墨在上海租了一個小套房,台北上海兩邊跑。

周墨觀察曾無工作時的穩定、構圖角度、現場創作、修片調色,還有那股玩性:「他拍照非常隨性,喜歡拿各種媒介,比如說玻璃、鏡子,各類奇怪的東西,都可以拿來跟攝影結合在一起,嘗試拍幾張、覺得不好玩他就丟掉,一直換一直換,可能換完一輪,他就跟你說我拍完了。」他像拆解武功一般,在助理的鍛鍊中領悟了適合自

己的道法。

不領薪水的這一年，奠基了現在的周墨。存款花到二〇一七年，差不多該收拾包袱回家了。

「不過你知道，後來有次我在北京跟民仕一起工作，他說：『你知道那時候為什麼我要讓你這麼早畢業嗎？』因為一些我同期的助理都在民仕那邊都待了至少兩三年，我算滿快出來的嘛⋯⋯」

他笑得太開朗了：「民仕就跟我說：『因為你不會做助理，我就趕快把你趕走。』」

周墨盤點一下攝影助理必備：細心、積極、反應快。這些你都沒有？「哈哈大概吧！」

不擅聽命於人，周墨對攝影的控制欲早在拿到相機的那一刻無限長大，也許他本命該是要早點出師的人。

即便如此，「如果可以，我很希望再遇到下一個老師。」

他已是人們眼中的大師，仍渴望下一個老師。

### 不要告訴我應該怎麼拍

從上海帶回的恣意出現在他攝影裡,他開始不再蒐集 pose
資料,捕捉模特兒最貼合自我的姿態。

周墨玩大量媒材,比方說前陣子著迷於鏡射與投影,在拍
攝現場嘗試著反射的可能性。今年周墨拍攝《VOGUE》
一月號的曾之喬,跟隨新一任總編輯的上任洗牌出了
《VOGUE》新氣象。他收到衣服後現場擺了擺,運用鏡
子、調整幾個姿勢,「後來讓她趴在鏡子上面,畫面就出
來了。」畫面裡曾之喬虛實呼應,周墨很著迷這種複製、
雙生的概念。

《VOGUE》二〇二〇年一月號封面|周墨攝影

他喜歡未知的本性，像他丟掉的一個個工作。「很有趣的話，會從裡面得到一個成就感。成就感是維持我做任何事的動機，做飲料店也是，在元智大學裡因為要服務學生因此認識了很多大學生，跟他們處得很好，這變成我很大的成就感。後來因為要搬到學校外面去，好像少了那個成就感的來源，沒辦法跟學生有大量接觸了，所以就北上求職。」

有時兩個禮拜都在拍商業廣告，便哀嚎「靈魂要枯竭了」。「假設今天接一萬塊的雜誌封面，可以在書局裡看到我拍的雜誌封面，比看到我拍的廣告放在公車上看板上的成就感大很多。」雜誌掌握度高（八成以上都是我自己想要的東西），但商業案子還是要糊口（避免爸媽每個月追問你這個月錢夠嗎？）

他難免懂了世故，卻也說：「假設裡面十張有八張是客戶想要的，但如果有兩張是我自己想要這樣拍的，我就覺得夠了，我就會覺得自己好棒哦。」這是什麼感覺？他思索一下：「就是……像有時拍完的現場，那天很順有做到的話，我也會在拍完那一刻，就覺得自己好棒哦。」

滿足感無涉他人評價。他能這樣一路走來，也是不用金錢與掌聲判斷自己，遇到有趣的機會，也有過沒拿酬勞的幾次。「好像是，即便我拍完沒有迴響，我也覺得我好棒哦。很自爽的那種。」周墨滿意的時候會露出一臉笑嘻嘻，沉溺在自己構築出的美的虛像，感覺就算全世界都說他爛

他也不信。

已經丟下投影與鏡射往下個世界跑去的他，近期著迷互動式科技的展覽。

他近期的作品應用科幻感，貫穿畫面上下的光軌、冷調異次元空間、粗粒子的成像。他對未來式的喜愛等同過去式，整場專訪，以古典樂為背景；周墨喜歡古典，與文藝復興時期的雕像，二〇一九年也看了許多數位復古的影像，接下來可能更深入投入在類似的創作。互動式科技作為一種先驅，許多上進的影像工作者都想著怎樣學動態學後製，如果有一個「不得不」要脫離平面攝影呢？他說：「嗯……那我就會去賣早餐了。哈哈哈哈哈！」

這種差別是：周墨不喜歡自己無法控制的東西。

「動態需要很多人一起完成，變成我沒辦法控制，如果有人跟我說周墨不可以這樣拍，你要怎樣運鏡，我覺得這個東西我就不喜歡了。」


## 一張意外的照片

上海回台灣後周墨接到了《Bella儂儂》聯繫，開始拍封面。過程中他先和主編交換一些想法，但不定調。二〇一九年一月號找了許多舞者與模特兒，也考驗他畫面

調度的能力，「拍之前沒什麼討論，我只是知道說有哪些
人哪些衣服，租了一些羅馬柱跟電視，就開始拍了。」

有次《Bella 儂儂》拍攝許瑋甯、提供公司附近大樓一塊
廢墟建築物作為場景，「但廢墟有點太以前的東西，我就
爬上樓，看到那個大樓的布幕，發現很好看，我們就這
樣拍了。」

《Bella 儂儂》二〇二〇年三月號封面｜周墨攝影

玩性並非僥倖，靈光乍現之前，他對色塊的敏銳、光線的掌握、美學上的練習都是基底。從離職帷幕牆設計開始攝影，原來也已經將近十年。周墨說雜誌拍攝很看衣服造型，因此總是從衣服上找靈感：「主要就是根據衣服跟他們說場景怎麼配色，光打漂亮，其他可能就是現場。」

他講得好像什麼也沒做。沒有什麼秩序的流程嗎？他透露一種吼被發現了啦的表情：「有時也會提供手稿圖供編輯參考、畫幾種佈景跟分鏡，就是幼兒園畫的火柴人那種啦。」刻意不說自己做了多少功課，或許因為那對他來說不是功課。

周墨工作室頂樓放了各式線條的枯枝、堆滿許多不知為何物的媒材，不知道哪天用上就這樣擺著。他也手作過許多道具，比如為林依晨摺出一顆顆立體愛心、把麵包袋做成Selina 的手套。細膩在他大大的手掌下誕生，「我也不是美術出身的啦，沒有錢就硬上。」

以前傳統的時尚攝影老師傅，也是這樣過來。他既承襲了技藝的風範，也有新一代年輕人的不按牌理。比如大家都愛志玲姊姊精緻的五官，他就在志玲姊姊臉上披了一層紗布；又他鏡頭底下拍過好幾次的楊丞琳面容總是被陰影交織，彷彿那就是他眼裡始終的楊丞琳。

相較雜誌拍攝，專輯拍攝的流程則更嚴謹：「我也很喜歡做專輯拍攝，因為我可以參與掌控的範圍很多。」這次光

良專輯《絕類》的拍攝以蕨類為主題,他想出一個植物橫生的小島,讓光良站在上面,也成為蕨類。

二〇一九年周墨收到一個法國雜誌邀約,他們想來台灣拍攝有台灣風格、區別於中國風格的照片,「我就去找了眷村,因為眷村是中國沒有的東西,找了兩個男模,一個女模,他們動作中有很多擁抱,想呈現屬於台灣的性別景觀,大家在路上是可以很自然地牽手與親吻。」

許多畫面的構成,出自他的為所欲為,周墨說因為《Bella 儂儂》總是讓他「為所欲為地去玩自己想玩的東西」,因此編輯部也收過贊助商的警告牌,手法有時失真有時搖晃,衣服與珠寶不夠清楚,「我就會再收回一點。」周墨一臉不好意思,但拿起相機的時候仍無法克制自己想拍一張不那麼理所當然的照片。

## 靜謐在發生

在時尚攝影裡不免使用花材,周墨若拍攝花材,花的曲線與時裝的流線自成互文;也不是只有他一個攝影師迷戀過鏡子,他鏡射的層次與角度就拉到最繁複、又用構圖收斂成極簡。

周墨的攝影也常被說「安靜」,「妳們覺得有嗎?是從哪裡覺得安靜呢我很好奇?」

他自己不曉得。

拍楊丞琳《刪·拾 以後》構圖裡上下左右制衡、紅與黑
對比形塑一種穩定；在他喜愛投影鏡射複製那陣子，複數
人像卻整潔內斂。他也常捕捉裙襬飛揚、抬頭低頭擺手
的未完成狀態，時間流動中不經意的一瞬，靜止在周墨
的鏡頭下。

《Bella 儂儂》二〇一九年四月號封面 | 周墨攝影

周墨喜愛植田正治與上田義彥：「他們的東西很有趣，很安靜的擺拍，而且植田正治是很早年代的人，他做的事是在那個時代不被接受的，一戰二戰時最流行布列松的紀實性風格，擺拍的東西還沒有當代攝影的定義，但他一直持續做這個事，當然中間也有間斷過，他不知道自己拍的東西到底是不是好，後來又繼續拍。」

周墨提及植田正治帶著家人在沙丘上擺拍出各種畫面：「你根本不會想到說在那個場景可以有這麼多有趣幽默的變化。」

他也鍾情上田義彥眼裡的森林：「很美很浪漫，我二〇一八年底滿受上田義彥的影響，外拍時會不自覺想朝他的風格走，因為喜歡他，很容易調色成他的風格。」

周墨不是刻意避免作品掛鉤其他攝影風格的人。誠實，也因此他的作品跟人一樣有了真摯，底下的人物都非張牙舞爪地想被看見，更像一個在那裡站了很久的人，寂靜而恍惚。

因為第一次受訪，他功課做很深。「妳訪綱裡提到我喜歡的其他創作，我真的很喜歡是枝裕和，最喜歡他《無人知曉的夏日清晨》，《海街日記》我也很喜歡！也許可以就把這兩件事聯想起來。」

他強烈表達迷弟之心：「我想是……他描述每件事的能力，

可以描述到很裡面而透徹，又很安靜安穩。他很難過，也
只是透過一些靜物、空景畫面去表述。流血的時候不會拍
流血，難過也不會講『我真的很難過』這種台詞。」

在要傾覆之前克制，像周墨的節制。

周墨本來不叫周墨，他叫周懿文，不過客戶從粉絲專頁找
來都叫他周墨，他就成周墨了。墨取他喜歡黑、也因為墨
沒有繁轉簡這樣的問題。後來他工作室名稱也叫週末。品
牌名稱周墨是當時他為「以後兒子的名字」所作紀念，少
有男孩會這樣幻想這樣的未來。

「不過後來聽一個朋友說有個人的女兒也叫周墨，已經上
大學了，我就想說還好……」

還好什麼？

「因為我兒子要有一個獨一無二的名字啊。」

採訪幾週後，周墨的兒子「周日日」出世了，沿襲週末系
列，日日是好日。他私心貪戀地，為兒子留下了一個罕
見的名字。一個攝影師不服膺現實的創作與誕生能力，
由此可見。

我想著一個攝影師在深夜的攝影棚手摺出一顆顆立體的紙
愛心，以及一個父親第一眼見到嬰孩詭異而驚喜的表情。

**撰稿** 李姿穎

**攝影** 王晨熙

**黃宣**

**請不要無聊**

∿

原專訪刊載於二○二○年十一月二十七日　　受訪者回顧於二○二一年九月二十四日

為了讓我看他十八歲的模樣，他拿出手機翻著相簿。我告訴他，網上目前還找得到一張他留著頭髮的照片，是和家人一起拍的，在一篇教會的報導裡。「我記得應該只有一張對不對？」他問我，一副早知道的樣子。看來他是那種會上網搜尋自己名字的人。

照片裡，十八歲的他留長髮、穿破褲，身上披掛鉚釘配件。揹著樂器，但看不清是不是吉他。或許是鍵盤，也可能是他自小學了快十年的小提琴？

去年十二月二十二日，冬至，台北 Legacy 一場集結了六組歌手的演出「扯 !!!! 己亥冬至紅藍大對抗」正要開始。前一晚，黃宣與海豚刑警、LINION、ØZI 等其他表演者到詹記火鍋，吃到一半在 IG 開直播。鏡頭移到黃宣，他立刻舉起原本搭著 ØZI 肩膀的手，拿起鍋裡的湯勺湊到鏡頭前，像電視購物主持人一樣煞有介事介紹起湯頭和貢丸來。「我告訴你們，我以前在電視台工作過……」湯水蒸騰中，他開始搖起身體，跳起不知什麼舞來。伴隨 ØZI 的大笑，黃宣戲劇化地端起碗，喝了一口湯，陶醉……從頭到尾沒人 cue 他，他自己在鏡頭裡飄了一分半鐘。

但在家裡，黃宣的瘋還比不上會拉鋸琴的爸爸。

「我爸爸是我們全家最活潑最有活力的人，他才是真正的表演者。我記得從小到大，不管家族聚會還是什麼大家聚集的場合，我爸就是動不動自己演起來欸，」他模仿起自

己的父親：「『來，給大家看一個東西⋯⋯咦，這是什麼，怎麼會有鋸子，很危險捏──好，大家點歌？』」

黃爸爸開放點歌的範圍是〈月亮代表我的心〉一類的老流行歌。據黃宣說，爸爸鋸琴拉得很好，而且沒什麼人會這項樂器，他常常試著說服爸爸出一張鋸琴演奏專輯，會紅。至於爸爸到底為什麼會鋸琴，他說他也不知道。

黃宣一家與音樂更明確的關係脈絡，是身為福音歌手的母親。他說，比起爸爸，媽媽更像一個專業的音樂人，不喜歡眾人起鬨要她唱歌。但一旦確定要唱了、登上舞台，就會放進全部。

「我的個性就剛好中和他們兩個。」黃宣說。


## 頭不能動，很不方便

黃宣音樂之路的戲劇性，每每再聽依然魔幻：中學時代就被簽進成龍的經紀公司，大學進北藝戲劇系，但是為了解決合約問題，休學、入伍、退伍，最後進了東森購物台。但他已經無法明確記憶自己究竟從何時開始就在舞台上了。「幼兒園的時候有個同學，螢火蟲班的，他在畢業音樂會上演奏小提琴。因為我家以前只有出現過吉他和鋼琴（還有鋸琴），我就被它吸引了。覺得演奏小提琴滿帥的。」那時黃宣六歲，剛要上小學。

為了帥而學琴，但他沒有帥了就算。國中時參加全國音樂比賽，鋼琴三重奏裡拉小提琴，拿全國特優第一名；五重奏，擔綱第一小提琴，依舊特優第一。金華國中弦樂團，他當了兩年小提琴首席。即便高中以後不再鑽研，去年與范曉萱合作的〈獨上C樓〉，前奏的小提琴其實也是他自己拉的。

為什麼高中不學了？他回答得認真，但這認真的答案卻有點好笑：「因為我發現邊拉琴邊唱歌有點卡。就是，要是你唱歌的時候頭不太能動，看起來好像不是說很好看？脖子這邊要夾著⋯⋯」

為了能更自在地在舞台上唱歌，他放下小提琴，重新拾起了吉他和鋼琴。

什麼時候開始「演出」的？比較清晰的記憶，是他第一場自發性的音樂發表會，在國三升高一的那個暑假，辦在父親公司九樓的某個空間，一個星期天的下午。「就邀請同學啊，朋友啊，聽眾三十幾個吧。」當時他已經寫了不少歌，包含寫給當時女友的情歌，演出了十首或十一首的set，自唱自彈吉他、鋼琴。

再來，是讀附中的時候。附中自由，黃宣有陣子天天帶吉他到學校，一下課就湊到同學身邊唱來唱去。後來班導索性禁止他帶吉他進教室。

「老師就覺得說，我好像把學校當表演的地方了，太胡來了。明明別班都可以帶，我揬膦（tu̍h-lān，常寫作「賭爛」）了一陣子。不過很奇怪，雖然高中時有些老師很討厭我，但也有些老師很喜歡我。」他說。

也是這個時期，一位馬來西亞的音樂人 Jaydon Joo 因工作來台，借住黃宣家，送給黃宣人生第一張編曲程式光碟。

「他大我九歲，可能也覺得這個弟弟很奇妙吧？我跟他也不是說很熟，他也只是來我們家借住兩個禮拜而已。但他當時是一個非常專業的貝斯手、編曲人，或許可以說是我編曲的啟蒙老師？就是因為那張光碟，我才會在高中就接觸數位編曲這件事，用電腦記錄自己的音樂。」

二〇一八年，黃宣以自己的綽號「YELLOW」的名義，包辦所有詞曲與編曲、邀來一班優秀樂手，發行第一張 EP《都市病》，奔放的爵士、放克元素，戲劇性極強的唱腔，橫空出世。更讓人印象深刻的，也正是黃宣在編曲上的偏執。「我不希望無聊，不求立刻找出答案，而是試著跟作品在創作的過程中一同成長，就像一個旅程，所以我會不斷去探索。」

「我會把樂器錄下來的樂句做 reverse、掛效果，讓它聽起來不像真實樂器；可是我又喜歡從聲響設計的角度去模仿各種聲音。嘗試用不同方式解構錄音素材並重新排列組合……這些都是在後面編曲過程中創造的。我混完音才會

找樂手來聽，他們就會說：怎麼跟我錄音的時候想的完全不一樣？」

「我就會說，跟我想的也完全不一樣。」

## 你真的想要別人幫你倒酒嗎？

永無止盡的編曲是樂趣，也是痛苦，因為知道自己有太多選擇。新專輯裡，只有〈.MERCY Rule〉是同步錄音做基底，其他首歌多是黃宣關在房裡的魔術。大概第一張單曲給人的印象真的太過華麗奇詭，至今仍有人不相信影集《想見你》裡的插曲〈一天〉是黃宣寫的唱的。乖乖地刷吉他、唱情歌，不太像會自稱光頭摩登大聖 a.k.a. 東南亞巨石強森的他會做的事。

「以我的角度來說就是很單純，寫歌、製作是我的專業，假如我可以為服務的對象創造出適合他的受眾的作品，大家彼此都開心，這樣不是很好？不然人家找你幹嘛？〈一天〉對我來說就是這樣的作品，它也代表我其中一個面向，但它不是那種自我實現取向的作品，所以我當然不會過度渲染自己風格……」

進購物台之前，他是真的有點不知道要幹嘛，晃蕩了一陣。當兵前後，雖然也有以化名在網路上發表作品，但大學休學又解約之後，一切都不確定。「為什麼去購物台上

班?就跟為什麼唸戲劇系一樣。我覺得如果我的人生只有音樂的話我太無聊了。我覺得人生就像我的創作理念,重點在於『體驗』,沒有一定要知道為什麼。既然這麼愛表演,說不定戲劇也可以?既然這麼愛表演,電視台說不定不錯?」

音樂上不要無聊,人生也不要。但那拒絕無聊的豪氣裡,卻也不那麼單純是瀟灑:

「我沒有想唸音樂的原因,是我已經很愛音樂了。我不想要把音樂當成一個我要必須得理性面對的東西,我怕我會跟它產生距離。」

自我隔離,是因為太愛。或許旁人也都看得出來,進東森之後,黃宣認識多年的資深音樂製作人李漢群,他口中的「漢群哥」把他拉回了音樂世界。黃宣擔任他的製作助理,接《中國好聲音》的歌手製作案,從魏然開始到陳冰、再到馬吟吟。那時是二〇一四年,黃宣以幕後製作的身份進了音樂圈,沒有什麼人知道他是誰。

如今能侃侃而談「專業、服務」,三年前他的低潮卻也緣生於此。幫別人編曲或製作,讓他感到疲乏,但並非因為「幫別人」的緣故,而是他意識到自己已經沒有那麼喜歡音樂。

他想起剛學小提琴的時候,如果不練琴,母親是會打他的。

黃媽媽拿著衣架子，在動手前告訴黃宣：「你要永遠提醒自己，你是真的愛一件事情你才去做，而不是因為你做得到所以才去做。」

黃宣試著比喻當年的低潮：「今天你有某種身份地位，你可以走去某一個 VIP 包廂，讓別人為你倒酒。有人為你倒酒這件事很好啊，你就會覺得自己也想要做到這件事情，可是，你是真的喜歡有人為你倒酒嗎？你不覺得那很智障嗎？」

黃宣：還是有人會幫我倒酒，但近年來我幫別人倒酒的機會也在變多哈哈哈哈……

只是為了顯示自己能做得到嗎？他卻步了。他辭掉工作，去了一趟日本，借住在高中同學家。距離收到那封改變人生的文化部補助通知信，還有一個月。

## 收到信的那天，我跑出去吃拉麵

二〇二〇年，眾聲期待下，YELLOW 終於發行首張專輯《浮世擊》，收錄前兩張 EP《都市病》、《馬戲團》，加上概念上的第三篇章《DDT》的四首新歌。其實，黃宣打從一開始便沒有要以專輯為導向作為發行動機，也認為這三個篇章是彼此相扣的同一宇宙觀。

回想二〇一八年，當初發行首張 EP《都市病》前的人生歷程，聽起來確實有些被動。收到補助通知的那瞬間，黃宣的第一反應是假裝沒看到那封信，也沒聯繫李漢群，出

門走在日本街道上，吃了一碗拉麵。

在日本的一個月，大部份時間都在閒晃。朋友白天要上班，留他一個人在家，他自己出門搭電車到橫濱以南，在海岸亂走，再回住處。完全沒有做音樂、他刻意讓自己半點音樂的事都不碰，只是一直聽音樂，「我還是喜歡聽音樂，就算對做音樂有點懷疑」。

自小，母親和姊姊在車上播自己灌錄的卡帶（mixtape），聽黑人靈歌、西洋歌曲，也聽許多華語流行；《少林足球》上映那陣子，黃宣特別喜歡劉德華唱的片尾曲〈踢出個未來〉，也灌進卡帶裡。一直到長大，黃宣的歌單裡依然雅俗通吃，他喜歡 Prince，也聽紅遍街巷的 John Mayer。

當時距離首張 EP 結案期限只剩下不到兩個月。這對黃宣而言不是壞事，他給自己每首歌大約五天的編曲期，「否則會沒完沒了，我會一直編下去」。對他而言，創作自己的音樂是探索的過程，常常是作品帶著他發現，不少事情是開始著手之前沒有想到的，例如〈獨上 C 樓〉和〈不開燈俱樂部〉歌詞中的角色可以視為不同時空的同一投影，在 C 樓中交錯的一對戀人，即是俱樂部裡的王老先生和白老太太，〈Rose Wayne〉寫好了才發現是王先生的前傳。

「沒有準備好的一天。」黃宣說，「如果告訴自己『還沒準備好我就不發了』，那麼作品永遠不會完成。我認為真正的專業是可以在有限的時間下面發揮出創意的

最大值。」

漢群哥畢竟還是發現了通知信。黃宣發現，自己也待不住日本了。「人是沒有準備好的一天的」，那封通知信，讓他明確意識到這一點，破除了他的惶惑。

抱持著還沒有答案的心，他約了正好當時也在日本的余佳倫（阿涼）。阿涼後來成為黃宣的共同製作人。兩人立刻決定回台灣以後要訂的錄音室、錄音日程。《都市病》的三首歌完成，前後還不到五週。有趣的是，其實這些作品早在二〇一四年就曾以化名「飛知和午次郎」短暫發表於網路上。

「我告訴自己，我要用創作去探索這整個過程。我是沒有答案的。這一點，對我的聽眾而言也是一樣的。從《都市病》一直到《浮世擊》，這個作品本身就是一張船票，它沒有什麼大道理或必然的意義，知不知道前因後果不影響你去充份體驗這個旅程，最重要的是聽眾可以在作品中找到自己的投射。」

## 我要提供的是想像

後來的事都耀眼：〈不開燈俱樂部〉入圍第三十屆金曲獎最佳編曲人獎，並獲得最佳單曲製作人獎，今年〈獨上 C 樓〉又入圍最佳單曲製作人。黃宣說音樂路上他確實幸運

順暢，所有的關卡都發生在內心。他的敵人似乎是他自己。

他做音樂的方式引來不少疑問，那些問題他卻都能信口解答：

編曲變動器樂這麼多，樂手會有包袱嗎？「不會，他們也很驚喜，我們對這件事有默契。」

錄音室版本的作品奇詭聲響用得很多，現場會怎麼處理？「我們把現場演出當成另一件事，當然有它的限制，但沒人說演出要和錄音室版本一樣。」

在專輯裡為什麼更換了單曲發行時的曲序？「當初覺得第一張一定要是《都市病》，風格比較強烈，但《馬戲團》是故事的前傳，在專輯就把順序調回來。你有沒有發現，專輯從任何一個三首歌章節開始聽，都可以自成輪迴？」

創作歌詞上如何磨練技術？「我會比較在意文字上的韻律、咬合酷不酷，接下來才是去製造歌詞後面隱含的意義、它夠不夠有暗示性和神祕感。你知道，就很像偵探小說裡面的犯人，會剪報紙和雜誌上的字貼成一封信，那種叫做什麼啊？」

恐嚇信。「對，我覺得我的文字的思考邏輯比較是這樣，很神祕，但是畫面非常鮮明。」

這幾年，他失眠，但從未影響到演出，自己也嚇到。有次超過二十四小時沒睡，接著到新竹演出，他照樣能量充滿。「我很喜歡在舞台上，去聽我和團員之間的『呼吸』，大家沒有在彈奏音樂的瞬間。所有人都對在同一個點上的時候，你會聽到別人停頓的時刻，那並不只是休止符，而是在等待下一個一起下音樂的、那個決定的瞬間。你沒有辦法透過樂器、透過言語去溝通這件事。樂手之間有沒有在同一個狀態上、夠不夠信任對方，這些都不是技術上的問題。」

「技術都是表象，但是你要透過聽感刺激帶給大家的是想像。」

在沒有答案的、想像的路途上，放盡能量，不要無聊。有能量耗盡的時候嗎？

「有。但我不會說那是耗盡。我每一天當中都有非常非常低潮的時候、做音樂很痛苦的時候。但是我會接受這件事情，我沒有覺得這件事情不好。你看心電圖，它是這樣上上下下對不對？這才是活著。永遠維持某個狀態的意思，就是死了。」

他說，他的矛盾永遠會存在，勇者之所以叫勇者，不是因為他戰勝了恐懼，而是因為他接受了恐懼與懷疑一直都會在，卻還願意繼續往前走。

他收到過一則訊息，是某位外國聽眾聽完專輯後的畫作。畫裡頭有一座雲霄飛車軌道，他的頭被畫成雲霄飛車本人，後面連接著一串看不出是蟲或是什麼的怪物；他的頭上面就長出好幾條蛇，有如美杜莎，但這列黃宣列車卻奔向前方一顆溫煦的太陽。

「用音樂和大家做到某種共鳴，這件事情是難以言喻的奇妙。」這是他登台的原因，是他能量的來源，也是他對自己的認同。「也許別人了解我比我自己了解我更深，就是因為我對我自己永遠抱持一個未知，所以我才可以繼續探索。」

似乎是看開了一切。問他有沒有對目前的自己不滿意的地方，讓人意外的，他說有。

「就後腦勺吧。」
『為什麼？』
「因為它太圓了，讓我沒辦法平躺。」

攝影棚裡笑成一片。他則浮誇地，搔了搔自己的光頭。

## 低電量時刻,聽什麼?

黃宣

至今我的人生仍是充滿了矛盾,除了日常放電外,低電量的日子也不少。

但今年的金曲獎對我來說又是相當特別的一次體驗,除了有幸又入圍之外,也以演出者的身份登上了金曲的舞台,而演出的歌曲,正是我第一年得獎的作品〈不開燈俱樂部〉,也是大家開始認識我的起點。

其實在這屆金曲獎之前,內心就有個感覺:這次的金曲獎演出,是我開始發行作品近三年的小驗收,要好好享受舞台。

在此之前,並沒有像這樣公開大型的線上直播演出,這是我的第一次登板,讓更多人可以透過金曲獎認識我,我希望可以呈現精彩的表演給大家。

所以當我踏進金曲獎典禮當天,我其實對獎項的得失心並

沒有太多，我只想好好上台表演，演出的當下我的腦袋其實是空白的，就好像被抽空般開啟了自動導航，下台後也不知道滿不滿意自己的表演，但當下有一種滿足感，這就是全部了，剛剛發生的一切就是我這三年來的濃縮，我把全部的靈魂灌注在那短短的幾分鐘內。而當我沉澱心情後看了回放，更意外發現原來，我當時寫的不開燈俱樂部，就是寫我自己，我就是那個「王先生」，之前所有的累積與努力，都是為了走到今天，這就是我這幾年的縮影，台上那段演出就是我靈魂的模樣。雖然今年四項都沒得獎，但我內心非常踏實，讓我更相信時間自然會帶你去你該去的地方，每個人的寶藏跟跑道都不一樣，只要專注在眼前的挑戰，做好每一個當下，就是全部了。

另外我想再分享一段今年特別有感的話：

「The grass isn't greener next door it's an illusion. Choose your own horse once and for all and ride it the best you can.」

失眠超過二十四小時後前往演出的車上，聽什麼歌？
Neon Trees〈Animals〉

編曲編到沒想法，萬事未完成，但距離交件死線剩下不到
十二小時，聽什麼歌？
Michael White〈The Blessing Song〉

做完一場 full set，下台之後發現自己超累，聽什麼歌？
Jamie Woon〈Waterfront〉

情緒異常低迷，但時值凌晨四點二十三分，全世界沒有人
回應，聽什麼歌？
Cody ChesnuTT〈My Woman, My Guitars〉

在一個完全不想搭訕也完全不想被搭訕的場合，想假裝在
專心聽歌的時候，聽什麼歌？
Robin Thicke〈Cherry Blue Skies〉

專訪撰稿 蕭詒徽

攝影 潘怡帆

化妝 Yenting Yang

化妝助理 羅翎

材料協力 陳艾德

攝影助理 郝御翔

# 林小乙

## 設計承受之輕

～

原專訪刊載於二〇二〇年十二月十五日　受訪者回顧於二〇二一年十月十三日

**如輕**

卡爾維諾，《給下一輪太平盛世的備忘錄》，第一講：輕。

在意識到自己嘗試以寫作來描寫現實真相，卻被現實的沉重、晦暗所沾染、凝滯時，卡爾維諾以數個例子說明小說如何以「深思熟慮的輕」來抵抗世界之重——

奧維德《變形記》裡，柏修斯腳踏飛天鞋，手持雅典娜贈與的盾牌前往討伐蛇髮女妖，藉由盾牌折射的影像確認美杜莎的位置，避免因直視而被石化，成功砍下美杜莎的頭顱。所謂創作，可以是「不直接觀視現實」的途徑；

蒙塔萊的詩作〈小遺言〉：「夜間，在我腦海中／ 那閃閃發光的／ 如蝸牛涎線發出的貝母般光澤／ 如拋光玻璃留下的碎屑，／ 不是教堂抑或工廠的燈光」。當文學藉由細緻的象徵，轉化感官所見的現實，人便不再受限於知覺所構築的世界；

一樣是輕，在另一首詩裡：「塵埃微粒在暗室裡一束陽光柱中漂移旋轉／ 薄細的貝殼／ 全都相似卻又各自不同」。當事物被以最微觀的尺度來審視，原先堅實而不可拆解的世界就能分解、消融為新的認識——這是盧克萊修的《物性論》。

上述三個段落，便是林小乙著手設計二〇一九金點設計獎

年鑑時，主要的靈感來源。

由台灣設計研究院執行的金點設計獎，去年以聯合國十七項全球永續發展目標（SDGs）為關注主軸，最後收錄逾六百件設計作品，邀請林小乙設計製作年度專刊。由於內容龐大，亦有規格上的需求，林小乙認為與其從物質層面來詮釋，不如從精神概念來表達。

「我認為所有的創作都是現實的折射。透過一個作品鏡射出來的世界，可以讓你面對不可直視的現實。透過折射、變形、轉換、甚至於思維的跳躍，能夠離開沉重的處境。我想或許所有關於現實的沉重，無論生理或心理上，都可以透過創作轉化成美麗的事物。」她說。

柏修斯砍下美杜莎的頭顱後以此作為武器、歷經數道險阻，最終將頭顱埋葬在阿爾貢的市集。他從水中撈起枝葉，鋪在土地上，把美杜莎的頭顱朝下掩埋，而那些枝葉一碰觸蛇髮女妖的目光，全都變成了珊瑚與水仙──枝葉、珊瑚、水仙、貝母般光澤的形象，貫串二〇一九金點獎年鑑的封面與內頁，成為林小乙以創作轉化現實之重的隱喻。

這份對「輕」的追求，不只體現於這本年鑑上，也展示於林小乙大部份的設計作品中。

金點設計年鑑｜台灣設計研究院提供

### 如塵

若曾親手接觸過林小乙的作品，必然會對它們的精緻細密印象深刻。無論是近年由木馬文化發行的川端康成系列作品，其中《雪國》、《古都》、《千羽鶴》以不同顏色的布料書封、佐以刺繡勾勒書名與隨筆畫線條；抑或在中文版勒卡雷系列，以三種不同色度的黑、白紙材來呈現間諜世界，運用同色系不同質地的油墨、燙工堆疊出「影子」、在白色紙材上構成蜉蝣的薄翅。林小乙的作品，常常需要以一種近乎檢查的觀看才能見得全部細節。

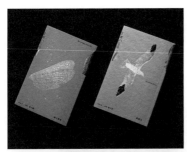

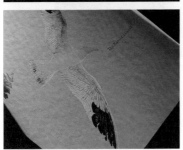

約翰勒卡雷系列｜林小乙提供

「前面提到的盧克萊修，最讓我感動的是，一位遠古詩人藉由他的詩，告訴妳這個世界是由最微小的實體支撐……他凸顯那些空虛的、微弱的、幽微的東西，讓妳感知即便看不見，一樣是存在的。」

林小乙主理的設計工作室「atom no color」，其名便出自《物性論》：「Tis thine to know the atoms need not colour」。回歸到最小的、不可見的、甚至沒有重量的，原子組成的世界，是林小乙所有設計的核心。

作為一名設計師，林小乙認為畫面記憶的擁有與表達非常重要。她引用導演安東尼奧尼《一個導演的故事》：「當一行詩變成一個感觸時，就不難把它放進電影裡。」這本導演的創作隨筆在剛成為設計師的幾年常伴林小乙左右，是她內心想法具象化時常常回溯的文本。她同意：當一行詩變成一個感觸時，就不難放進設計裡。

「我全部的作品，都是仰賴我閱讀過的文字構成的。」她說。

盧克萊修詩中的塵埃微粒，對林小乙而言不只是文字，也是童年記憶。她幼時居住的台南老家曾是一棟日本時代的老房子，室內日光被繁複構造層層篩過，時常昏暗。林小乙喜愛藝術與科學的哥哥曾在那樣的幽暗中，指著光柱中的塵埃，告訴小時候的她：「那就是原子。」即便長大之後明白那僅僅就是塵埃，那個夏日清晨的畫面卻成為了林小乙的永恆記憶，直到哥哥辭世後的如今。

她還記得自己在小學時，一下課就會爬到樹上去。倒不是怕人，而是不想花費太多力氣和人說話。哥哥帶著這樣的她，到圖書館、到書店，指著一整道書櫃，說：「妳把這些書看完，看完妳就會變得很厲害。」

長大之後，她發現自己一直用這個方式做每件事。她說，無論爬樹或閱讀，都如同柏修斯的飛鞋，是逃逸現實的形式。聽哥哥的話，林小乙坐在書店裡，輾壓式地大量吸收，

「那時候沒有網路，妳會覺得今天存在的東西、第二天就死掉了，沒有了。我不管拿到什麼，就是拚命讀。」

製作香港蘇富比〈La déesse du sommeil〉藏家專冊時，林小乙以純蠟為材質，雕刻日本畫家藤田嗣治為當時的創作繆思小雪而作的畫像。藉由蠟，林小乙呈現出人體肌膚的有機質感，來表達畫家筆下女子肌膚的觸感。但蠟媒材駕馭不易，包含灌蠟模具的雕刻、降溫凝固的速度、灌蠟方式、蠟的配方等等，都會造成質地甚至顏色的差異。光是測試，團隊就製作了六十幾組。

「原作是一張一百六十三公分的畫，小雪的皮膚在畫上非常晶瑩剔透。思考如何製作時，我想到白居易〈長恨歌〉裡的詩句『溫泉水滑洗凝脂』，就請助理幫我調查包括沙

Sotheby's HK - La déesse du sommeil ｜林小乙提供

子和塑膠的質地⋯⋯但後來，塑膠材質的觸感太現代了。」
不只思考質地，也要考慮書冊放入蠟盒後是否會變形、保
存時的軟硬程度如何影響它留下碰觸的痕跡。因為配合拍
賣，蘇富比專冊通常從設計到製作至多二十五天或一個半
月時間，那一年除夕夜，林小乙和工廠老闆談到晚上七點
多，吃完年夜飯還要繼續做稿。

「這就是我在做一件作品時會思考的事。從文本本身切入，
能不能更深層地去理解它想表達的事情？我想知道創作者
有沒有想說的話，即便是一張畫都有過程的累積。我不希
望是自溺的，所以需要參考很多的作品、包括創作過程的
影片和訪問資料，消化之後找到一個觀點，才有辦法下手
做一本書。」

讀到最細，再以最細的手法傳達。林小乙作品所呈現的精
緻，是以紀錄片式的反芻雕琢而成。


**如閱讀**

養成她大量閱讀習慣的年代適逢第二代《影響》刊行，引
介大量西方藝術電影，也以豐富的專題撐起雜誌骨幹。林
小乙讀《影響》，從封面開始讀到讀者回函，連廣告頁也
不放過。從閱讀，林小乙愛上電影，一天要看兩到三部。
書店的人都記得她，一看到她來就自動提醒：「這個月《影
響》下午才會到⋯⋯這一期明天才會到⋯⋯」

二十出頭的她，有一天中午去出版社買電影書，引起了出版社總編輯注意。對話間，林小乙忍不住詢問對方有沒有招工讀生。「我很喜歡電影，又喜歡音樂，覺得書是最能夠承載所有我喜歡的事物的形式，但是我那時候還不知道編輯是什麼。」

林小乙就這樣進了出版社。總編輯請她做資料性整理的工作，在電影劇本、文本資料間往復。這份多數人覺得枯燥的差事，林小乙卻戴著耳機，一邊做一邊心想：我得到一份非常棒的工作啊。

幾年後，她真的成為了《影響》雜誌的專題編輯。每個月，她負責撰寫封面專題和組織兩個專題提案，每個專題她都如當年在書店一樣，廣泛閱讀文本：該導演拍的廣告、短片、電影，出版的著作、演講……她常常工作到早上八點半，回家睡幾個小時，中午又繼續工作。

也是《影響》的工作環境自由，只要任務完成，沒有多餘規範，讓林小乙可以採用這樣彈性的工作模式。一九九八年，《影響》停刊，往後幾年林小乙繼續至其他出版社做編輯，她意識到自己並不適合體制。

「體制有它的優點，但在那段時間，我對它是排斥的。」那時，林小乙即將三十歲，轉換職業對他人或對她自己，都是很難相信的選擇。

「離開出版社兩年，我接了幾本書籍的視覺統籌工作，可能因為那時候和聶永真合作的關係，讓我有一個誤會，覺得做設計好像還不錯……因為他做什麼事情看起來都游刃有餘，事實上大部份的人都做不到他能做的事。」為了想要「安安靜靜地自己做設計」，林小乙請聶永真鍛鍊自己的設計技術，懷抱著「誤解」，開始自己的設計之途。

她說，決定從編輯轉設計，是因為自己喜歡太多東西。「美麗的事物、憤怒的事物，各式各樣的感知，只能一直把它們裝進自己身體，但我想要有個能釋放心裡沉默負荷的地方。」到頭來她仍選擇了書的形式。

林小乙的首件完整設計製作作品是二〇〇九年的《RIVER KUO》，確實讓人感受到一種釋放的渴望：三種白色、十九種紙材，外加布料等其他媒材，極其繁複。非科班出身的她，為了掌握加工技術，常騎著腳踏車拜訪中和的工廠、與老闆聊天，問有沒有可以參考的加工樣；研讀設計裝幀相關書籍，她會遮蓋住工法的說明，看著書中提到的作品自行寫下可能採用的印刷加工，再一一對照，直到自己全對為止。

「一開始我想做一本美麗的書，但逐漸意識到所有影響我的美，都能夠在一個人心裡成為很深刻的事，不能只因為有一個模糊的興趣。專業的世界是很嚴肅的。」

意外的是，正是在那段日子裡，她在誠品翻到了日本編輯

菅付雅信《編集天国》，深深震動。菅付雅信身為編輯，也跨領域經手唱片、廣告、時尚工作，曾為音樂家坂本龍一製作網站、公演企劃，並且經營出版社，為他自己熱愛的藝術家、攝影師等創作者出版書籍，無論那些人身在世界何處。

「他所製作的這些書，都是許久之前曾經啟蒙我、讓我想做設計的原因。他就像一位策展人或製作人，看到了那些創作者將來的代表作。即使後來有些出版社倒了、雜誌停刊了，他所做的一切卻影響著他不認識的、身在另一個國家的我。我想起我過去非常排斥的、不願意再去碰觸的編輯的部份。那是我第一次覺得必須要把製作人這個概念，放到我的作品裡面。」

為了迴避編輯的體制勞務而走入設計，卻又在實踐設計的過程中意識到編輯意志的力量。林小乙試圖在作品中融會這兩種脈絡，形塑出她的工作風格。

### 如憶

除了〈La déesse du sommeil〉，林小乙也設計了香港蘇富比其他數件限量藏家專冊。「我從二〇一四年和前蘇富比亞洲區二十世紀現代藝術部門主管 Vinci 合作，在紙本逐漸消亡的年代，我很幸運，客戶非常信任和支持我，這些專冊都是從她和我說了一張畫作的故事開始……」

製作〈Lalan〉時，林小乙從謝景蘭同時身為舞蹈家的這一點切入，希望將現代舞者的肢體關節感融入設計，另一方面也藉由刺繡技法、蠶絲布的運用來涵納東方元素。製作時，為了呈現關節的轉折，林小乙要求整本書裡不同尺寸的頁面燙金，彼此都要對位重疊。裝訂複雜的內頁卻不上膠，只能用線結固定。封面的山水圖，則要求刺繡師必須以單針刺繡的技法，在沒有可以回勾節點的前提下讓針針相連，同時不可留下任何可見的線頭。

受限於機器，林小乙必須要將每一個節點在圖面上的 XY 軸座標都算出來。最後，每個節點裸露的線段，還需刺繡老闆手工一針針把它們穿進布面後藏起。成品上，金色蠶絲布上透著紫色繡線，書中也以極細的燙銀線條、縫紉銀線交織表現抽象繪畫、現代音樂與即興舞蹈。「我希望它是一本在暗中仍透著微光的書，藏家透過近距離地觀看與觸摸，如同捧在手上的湖泊。」

常玉生前的最後一場個展，在他晚年摯友、法國勒維家族被庭園植物纏繞的玻璃屋中舉辦，畫作〈睡美人〉便收藏於其中。

「客戶讓我和〈睡美人〉獨處，告訴我它在屋裡安靜地躺了六十年，藏家把這幅畫拿出來，已經不是因為畫的價錢。她轉述，能不能為藏家和她的朋友（常玉）做一本書？因為這對她來說是很珍貴的回憶。」

書頁中，林小乙選用纖維較長的手感紙，將網印銀色墨壓在綠色墨上印刷，讓銀色顏料薄薄地凝在紙面的纖維上；透著光線，可以看見葉子上鋪著一層銀光，如同晨霧停在葉子的表面。書中穿插了數台以竹尾アリンダ（類似 PVC 片）加工的插頁，翻頁時，光線互透呈現了繁枝茂葉投在牆上的植物光影。此外，林小乙在庭院中摘取被蟲蛀蝕的真實植物，以金工實體方式鑄造出一百株皆不相同的枝葉，為的是將藏家友人與常玉的回憶凝結封存。

收納書冊的外罩，原先製作成化石的形象，但林小乙無法說服自己這樣了事。「我想要做的是『時間的凝結』，首先想做玻璃屋，卻因為過年期間窯廠公休，沒有人願意承接。即便後來用水泥和樹脂灌出了一個類似化石的東西，仍覺得不對。不管怎麼試、做出什麼，我都不滿意，第一次有這樣的感覺，我做不出來。那時只剩兩個星期就要交件了。」

在她心中，那是像一個泡泡一樣的東西，這個泡泡是很多時間淤積出來的，裡面有風、有沉澱……

那年初三，她和工作人員打電話給所有認識的工廠老闆，拜託他們製作符合需求的玻璃。然而，這麼大的吹製玻璃、加上林小乙要求以清透的高白玻璃從中製造出淤積與細小的氣泡，來呈現回憶的「雜質」，想當然又吃了不少閉門羹。好不容易找到新竹窯廠，一位老師傅願意接下工作。

「製作溝通的時候，如果對方說做不到，我會想知道是不容易？還是不可能？如果只是不容易，那麼我們就來討論怎麼處理或調整這個不容易做到的事。」

對林小乙而言，她面對的早已不只是強度很高的設計工作，而是強度很高的製作統籌與溝通協調。如今，能安安靜靜做設計，反而是她感到最開心的時刻，因為在近期的工作裡，設計需要用最精簡時間完成，大部份精神投注在如何讓整個團隊的人在統一的想法上工作。

「通常一寫完設計工單，我就可以整份背下來，不是因為我多厲害，而是因為在思考的過程中，我很清楚地知道每一個細節的連動，包含所有預算、流程，以及過程中可能會有的誤差。工單寫好，就已經可以想像作品完成的樣子了。」

Sotheby's HK - Nu endormi ｜林小乙提供

### 如時間

大量的吸收消化，加上繁複嚴格的工序，自然需要大量的時間。林小乙說，反正她本來就不怎麼喜歡睡覺。有時為了等早上的光線看紙樣，她索性工作到太陽升起。

為什麼不愛睡覺？她說，她只有在兩種情況會感覺像死。其中一種就是睡覺。

「我從小就善於自處，世界給我太多太多精緻豐富的東西了，我一個人也可以很開心地做任何事，不會覺得無聊。可是睡著的時候，妳跟世界的所有連結是停止的。只有當睡意覆蓋了我，才瞬間會覺得有一點孤獨。」

另一個讓她感覺死亡的，是時間的過去。

「瑪莉蓮羅賓遜提到，『回憶就是失落感』。我沒有想過失落不失落這件事，但對我來說，過去的記憶會殘留在生命裡，好像妳身上沾著一個氣味，盤旋不掉。」

哥哥住院昏迷的那天，林小乙正在做遠流版《流浪者之歌》的裝幀，她在醫院裡十分冷靜地與編輯通電話，對完所有的印樣。「對完的瞬間，我意識到一件事情：我哥其實是不會再回來了。」

這是始終盤桓在林小乙心中的疑問。「時間走掉了，就連

我想著『時間走掉了』這件事的時候，時間也在走掉。可是我卻沒有辦法把它設計出來。」

波赫士身患遺傳性失明，晚年於《沙之書》寫給年輕的自己：「等你到了我的年紀，你也會幾乎完全失明，你只能看見黃色和明暗。你不必擔心，逐漸失明並不是可怕的事情，那像是緩慢漸暗的夏日時光……」

「波赫士的文字影響了我的設計，我想像他眼前的緩慢漸暗，像是在一片霧靄般灰濛地發著光的霧裡，充滿雜訊，更重要的是，我幾乎看得到時間。」

她想起侯孝賢談《童年往事》，提到爬上樹偷吃芒果的記憶，風灌在耳裡的聲響清晰可見。年輕時林小乙看侯孝賢的作品，並不明白其中的感覺，多年之後回望，才意識到電影凝結情感記憶與時間的深刻。「我透過了很多文學可以『看到』時間，例如瑪莉蓮羅賓遜在《管家》中寫融雪，妳看得到冰雪在消融，看得到人的憂傷隨著融雪而漫長，還有餘燼火光快要熄滅的部份……我用繁複的裝幀形式表現，是希望能夠藉由紙本的翻閱，呈現一段時間的狀態。」

她複述著她深愛的導演們：安東尼奧尼、侯孝賢、布列松。這些導演的作品，將演員放在一個自然的環境中，不去「演繹」，而是很遠很遠地注視。林小乙也以相同的方式看待自己的作品，「所有我喜歡的事物，事實上最後是全部連

結在一起的。有一天你會去回想你看見某個畫面的時光。為什麼會用盧克萊修的詩作為我的名字，就是因為我所有的作品，其實都是關於小時候那一道黑暗中白色的光。」

回到金點獎專刊中的珊瑚與水仙。內頁中，林小乙以局部亮油印刷這些形象，油光透明隱形，必須在光線下以特定角度檢視，才能看見。枝葉之中，藏著林小乙對各種文本的理解，既可見又不可見的狀態，也恰如同空氣中似乎無形的塵埃，並非不存在，而是僅在日光打進時現身。

「也許客戶看不到，也許讀者看不到，對我來說這只是自己的功課：我想做到我看到的細節。即便大部份時候它不被視為重要的事情。」她說。

## 專訪九個月又二十八天後

我們談到昨日
我試著放大貼近過去
如果格放得太過頭了
物體自己會分解而消失
就像記憶

某個時刻
我幾乎掌握了記憶
但記憶稍縱即逝
記憶是破碎孤立而且獨斷的

謝謝詒徽用文字記錄了昨日
保存了一個階段的我
希望就讓這篇專訪無時間性地「凝結」在當時

——林小乙，二〇二一年十月十三日

撰稿 蕭詒徽

封面照片攝影 slow light

**張亦絢**

我知道妳死得很慘

～

原專訪刊載於二○二○年九月十六日　受訪者回顧於二○二一年十月二十一日

張亦絢是一位敬重他人的人，坐在她面前的我年紀小許多，她仍維持與人平等的態度。「請問這是我的水嗎？」

「其實我真的滿緊張跟人見面，但這也是我成為大人的這個部份啦。」她安慰我：「妳別緊張，妳的訪綱讓我很安心。」「我講得太嚴肅了嗎？哎我還是來講個笑話吧。」她有點孩子氣，說到喜歡的 Pierre Bonnard 與太宰治，比自己出書還興奮百倍：「這是我第二次跟太宰一起出書唷（勝利貌）。」

新書《我討厭過的大人們》、舊作《愛的不久時：南特／巴黎回憶錄（2020 我行我素版）》與太宰治《正義與微笑》同時在木馬文化出版，張亦絢開心得不得了，沒叫我們去買她新書，倒是不斷推銷《正義與微笑》有多好：「《正義與微笑》是針對青少年寫的，寫得太棒了！這是在《女生徒》到《人間失格》轉變的起點，非常好看非常爆笑。我寫這本推薦序，追溯了一些《女生徒》，書裡說如果現在可以變成大人，小時候的苦惱回過頭想，沒什麼大不了的，就像出麻疹。但出麻疹也可能會死人啊，不能不管，這是成長的危險……」

為了陪伴那些出麻疹的孩子，張亦絢寫為大眾設定的文學小說《永別書》，《性意思史》明言給十五歲以下的少女，《我討厭過的大人們》則送給成長中的青少年。

## 少年少女是該不知天高地厚

「妳問我成長中會輕蔑大人嗎？真是不好意思說出來，那時候真是不可一世啊。」張亦絢對我的訪綱倒背如流。

她談過小學時為挑戰老師而畫出人體骨頭的故事。當時學校來一個新老師，非常瞧不起小孩，唱聲（tshiàng-siann，常俗寫為嗆聲）學生中沒人能畫出骨頭：「不過我沒講的是，這位老師在其他學校曾經性侵學生。當時圖書館剛成立，我就找到一本有人體全部骨頭的書。」她擺出送書小仙女的樣子：「我就去跟圖書館的人幫忙收拾圖書。那本原來不能外借的書就讓我給借出來。」國小的她用描圖紙描完人體骨頭，一筆一畫是執著：「我很想給老師難堪。」

她一直對大人很有對抗意識：「有一次父母想要知道我的表現，給我做了一個表現表，評量我有沒有乖乖吃飯、刷牙、上床，規定我二十四小時按表生活，貼在牆上，打算每天給我打分數。妳知道我做了什麼事嗎？」她笑得像小鬼當家：「我就馬上把父母的名字都寫上去，然後打了一堆叉。」

那張生活評量表於是被父母撕下來。她很早就試著突破以愛為名的教養：「我只是以其人之道還治其人之身。」張亦絢寫過這一代成長底下國族與性別交織出與父母的鴻溝，人類無可拒絕地從父母身上繼承：「但繼承後並不是

原封不動接收，可以重新思考——你要不要變更繼承父母給予的東西？」

「對成長中的青少年，他要的不是你教他什麼，而是看到你長成了一個你自己也接受的大人。」張亦絢在《幼獅文藝》專欄寫的十二篇討厭大人加上輯二談恨，乍看是中二病發的框架設定，讀來揉合成熟與天真的溫暖。那原來是張亦絢的成人式。她將小孩的困頓看作一件非常嚴肅的事，告訴小孩：

「你可以去討厭，去輕蔑大人，這樣你才有可能長成你也接受的大人。」

「少年少女不知天高地厚，這很正常啊，我當年更誇張。」她太清楚那個年紀的孩童，是用怎樣凌厲的眼光在審視大人：「我寫這樣的書，有人會覺得是大人在做教練、讓小孩知道如何度過難關，但我覺得有時也是相反，少年少女是教練，他們用一種嚴厲的眼光在看大人，我覺得這樣是很好的，年輕人的存在是這樣，讓妳知道自己還不足夠。」因為已經是大人了，更要警覺自己是什麼樣的大人。


**我知道妳死得很慘**

她一直特別留意閱讀兒童心理、精神分析、思考怎樣幫助小孩。那大抵是孩童時期受傷的人，才會去做的事。有人

說張亦絢有慈幼天性，她說：「愛人這件事，再愛都不為過。」可能，她也曾被及時解救過。我以為她書寫裡，對討厭的人總是懷有餘地，她更正：「大家要來比賽恨意，我可以得冠軍。」

張亦絢在心裡燒死對方、把人大切八塊，然後發現：「太費事了，我真的希望他不幸嗎？或許我只是想置身事外，倒不是希望他不幸。」如果她沒有這樣的同理心，不知道會不會活得更自在。「我有某種不太好的天性，我面對面見到一個人，即使我很恨，人在我面前，我還是會考慮他的幸福。即使很想對一個人說，我真的很厭惡你，但也會想，他如果要長成一個我比較不厭惡的人，我要克制，不然會阻礙他的成長。」

《愛的不久時》裡描寫角色想要上街濫殺無辜：「那樣的心情，我是體會過的。我也了解為什麼人會走到那裡。」張亦絢之所以沒有成為隨機殺人犯，因為命裡剛好出現及時雨，以及藝術：「妳要自己清毒，在個人層次上可能是走不過去的，就是那麼恨啊……妳問我藝術文化的影響，影響是大的，只是靠修為太難了。毒的相反……血清嗎？藝術不見得可以完全清毒，但至少可以幫忙克制、讓毒不發作。」

有次張亦絢在想死的心情中，卻碰上朋友找她去看學校的話劇公演：「因為早就答應了，就去看，」她那種不願虧欠的性格。「看完想說劇中人根本比我悲劇太多，我就很

釋然，這並不只是他比我痛苦，而是了解有人在接受那種痛苦，方法是有的。」

「小時候我每次搬椅子到大禮堂看電影，我都想用盡我所有力氣想告訴老師電影有多好看！」電影使她起死回生：「我都已經死了那麼久，然後沒有人發現，可我去看電影時，導演告訴妳：我知道妳死得很慘，我知道。」

「我才警醒到不能再這樣死下去。這樣的死亡不是像白雪公主一樣吃了一顆毒蘋果，而是妳在心裡面停止了某些東西。這是很危險的，很多人走向自殺的路，其實是因為覺得心裡已經死了很久，必須讓肉體跟上心靈的死亡。」

她像大人一樣嘆了一口氣：「如果真的是這樣的話，那也是沒辦法的。」


## 不是努力就能和解

張亦絢印象深刻，第一次從麻木中醒來的電影，是柏格曼的《芬妮與亞歷山大》，電影拍出了兩個小孩在繼父的霸凌與管教下，壓抑而生的幻想童年。當時她與父親、母親一起去看：「這電影講到對兒童的暴力，我那時讀小學，因為這部電影有小孩，我想說一定要看！對我的意義是滿深遠的……電影院裡我父親看不下去，他就離開電影院，我媽還留著……我想這部電影對我的意義，就是知道『電

影可以打敗暴力』，這讓小時候的我留下很尖銳的感覺。」靜謐中的暴力，透過故事的述說被打開、被打敗。

張亦絢的書寫裡，常有母子間的不能原諒。《我討厭過的大人們》也收錄〈恨母親〉兩篇：「我在寫時遇到一個滿大的困難，我會感受到一個誘惑，就是我隨便就可以講出好像很感人的母女關係、去讚美我母親──這樣寫，我也會得到某種安慰跟快樂。可是，這樣就具有欺騙性，是不負責任的。」

問她與母親的關係是否有出口，「我覺得沒有出口。要抗拒一種快樂的誘惑，因為我對同樣沒有出口的人負有責任。我沒有辦法寫到百分百真實，有些事情根本太殘酷，但表達出來的態度是重要的，妳不能讓有些人認為說，這件事是一定有希望的。母女關係不總是努力就能成功，妳不能讓這些人覺得是他努力不夠，或是任何家庭關係一定要修復，就是有不能和解、不和解，這才是多元。」

張亦絢一直認為談論自己是需要節制的，「我不贊成創作者變成被追蹤、個人崇拜，所以我會盡量避免。」但她仍會在必要場合提及身為倖存者的痛苦。在《我討厭過的大人們》她寫下了性騷擾學生的〈我討厭書法老師〉：「書寫起來是痛苦的，但不寫，別人就不知道這一類的事情都是怎樣發生的，即使現在講也有點痛苦……」

張亦絢需要寫，只要沒有停筆，就能不露痕跡地在毀敗中

建立：「很多時候能說一點就說一點吧，這也不只是性侵性騷擾，我覺得這也是一種文化的養成，如果有朋友稍微講一下什麼生活小知識，妳也會學到一點。這種考慮大概可以說，是想神不知鬼不覺地建立文化吧。」

## 愛國作文比賽第一名

張亦絢對性別的態度也落實在對國族正義的關心，《永別書》是完整的被消音的歷史外，《愛的不久時》架設出流浪者對自我認同模糊的時空，受害者因受賤斥而自以為賤的態度之於整個國家的歷史——她也曾在《字母會 S 精神分裂》寫中正紀念堂：「其實我對這個問題想得很多，但我表現出來是相對很少的，中正紀念堂那篇明確地在使用（賤）這個問題，那是因為我覺得賤的問題是結構的問題，它是具有揭發性的。」

張亦絢說：「與其說我關心轉型正義，應該說，我關心迷糊的人。思想控制、威權，會傷害有思想跟有政治覺悟的人，也會傷害迷糊人。」她笑說自己也是迷糊的人啊，以前為了報復「中國獨裁政府」：「就高興地寫他們是『大陸地區』，我想他們不承認我們是國家，哼那我也不承認他們是國家，後來朋友跟我講，我才知道，我這是不對的欸。」

張亦絢能夠如此坦然面對自己的過錯。

國三時，她曾參加愛國作文比賽：「那時碰到一個應該是情治單位的人告訴我們，寫作文時要罵台獨，其實那不難，因為政府都在罵啊。他又問我們說，老師觀點正不正確？還跟我們要老師的名字，我才知道這件事多可怕，我如果不把台獨罵到狗血淋頭，我覺得我的老師會遭殃。」

「那時我寫了一篇、我從小到大沒有這麼用盡力氣去罵台獨的，感情澎湃、好像背水一戰。」是什麼樣的政府，會把一個不知世故的孩子放在這樣的位置？

「我那時拿到了台北市愛國作文比賽第一名。老師因此記了大功。」

這大功一直被她視為人生的汙點，「這個汙點顯示了過去威權的結構，要是一個不那麼滑頭的小孩……」那種恨意累積在她心裡，往後作文要寫到國家大事欄，她就亂寫：「我想到我青春期時那樣被控制，真的是滿恨的。」

張亦絢：日前發生了「黃國書曾為情治單位線民事件」，這使得過往我認為「我只是意外與情治系統擦到邊角」的想法，有了轉變。訪談中我使用了「汙點」二字，可能要加「引號」，因為我其實已經耗盡耗盡我十五歲時可以有的機警，設法「反制情治工作」——然而，這並不是我認為健全社會中，所應有的「變通之道」，這不是正大光明的反抗——這是我用「汙點」形容的原因。這是「思之極恐」的童年經驗——歐美有些研究嘗試為「情報工作」的倫理進行探討並立下限制，比如「暗殺」就應絕對禁止等。然而，即使是「刺探」的道德問題，仍應嚴肅以對。

## 我終於可以說話了

她記得很多被沉默的記憶。兒童的張亦絢朗讀讀物，遭母親警告：「妳默讀。」

可是她是非常喜歡說話的孩子。「我上幼兒園第一天，在娃娃車上，從來沒離家坐車那麼遠，我看著窗戶讚嘆：多麼美麗的風景啊！然後還被管娃娃車的老師打一巴掌，他應該是有跟我們說不能吵鬧，不過我想是在讚嘆風景啊可以吧，妳知道我有多憋不住話。滿好笑的。」

「少年時不知道什麼是耐性，什麼都很急。」張亦絢在《我討厭過的大人們》後記提到，曾有一個啞巴，告訴她「妳沒有耐性，妳要有耐性。」這種訴說的耐性落在她寫作裡，「有種耐性其實像煮這個蛋要等五分鐘、不要三分鐘就撈起來，妳是為了某個結果所以有那個耐性；另一種我所體驗到的耐性，是即使沒有任何成果，仍然保持耐性。這個想法隱含了不對時間抱有專制想法的態度。」

而她懂得耐性以後，也慢慢理解該說什麼話：「小時候我被打一巴掌後就沒有再稱讚風景了，我那時是滿勇敢的小孩，倒是沒被嚇到，只是知道了『不可以』。不過長大後，我也覺得那個老師不該這麼做。」過去她在巴黎唸書，某次聽到樓梯間小孩子很吵：「我打開門跟他們說，不要吵吵鬧鬧，他們問我說為什麼不能吵吵鬧鬧？我就也回答不出來。」

為什麼呢？

「有些人之所以沉默，是他先認知到被傾聽的不可能，在談到羞恥的概念時，心理學會認為並不是個人覺得不羞恥

就會不羞恥，必須要社會先覺得不羞恥，個人才會不覺得羞恥，沉默的問題往往不是去打破沉默，還要有友善的環境。」

張亦絢喜愛安徒生童話裡《野天鵝》的故事，公主為了拯救被詛咒的十一個哥哥，去墓地採蕁麻做成蕁麻衣，那些硬刺使她流血，但她為了結束他人的苦難、對抗魔法必須沉默、忍耐著織衣，在終於完成後，公主將蕁麻衣拋向天鵝們，並說：「我終於可以說話了。」

埋首寫作，張亦絢還在編織，直到她終於可以說話的那一天。

採訪時張亦絢說要講個笑話，說到以前唸書做報告，滿分二十，她拿十七，是全班最高分：「我跟旁邊的人說，這個分數呢，我拿兩分，德希達給了十五分，因為那篇我是用德希達作結語。」

「不能說的東西，最重要就是不可不說它，要寫它。」
——德希達

**依然電影院**

張亦絢

嚴格來說，電影持續在看——但電影院就少去了。2021/04/09 的日記寫著怎麼去南港的喜樂時代看《歡樂時光》，在日記中也寫了簡短的影評，是很強烈的幸福經驗——我很少跑到南港去看電影，但少有的幾次，印象都很深——除了跑得稍微遠，離開「我的地盤」之外，通常也是對片子有點執著，才會跑遠也要在電影院看到——兩個因素加乘，記憶就比較全面。

2021/05/10，因為寫完不少「稿壓不輕的稿」，純粹為了拯救自己久旱的身心，利用匆忙的空檔，訂了 TIDF 的兩張票——台灣國際紀錄片影展，看那麼少的片，對我來說很罕有——要不是因為忙而整個缺席，若去看，都是痛快地暴看。還是有被疫情影響——但太想看《追憶立陶宛之旅》了。

這片的前一片看的是法國的另一個日記電影，一個失戀的男同志閉鎖在鄉間與無數的影像中，經濟上靠網拍二手DVD ——在日記電影裡，美學不算太獨特，但相當好看——回想起來，最特別的地方是，這明明是一個講封閉經驗的敘事，但在當時，還一點都沒喚起我關於疫情造成封閉的聯想——是不能隨意旅行了，但除了戴口罩，深刻感覺自由受限是 2021/05/15 之後的事。2021/04/24 晚上在剝皮寮跟鴻鴻與陳德政有一場座談，我還運用「足跡」這個想法，說整理了「看電影的足跡」來與大家分享「進不同電影院」的反思——那就是一個致敬不同電影院的主題——我也因為查找資料而提到，巴黎的電影院在當時幾乎全關閉了——說是致敬電影院，畢竟疫情的威脅還在，說起來可能也有點心酸酸，不能像過去只是猛要大家出門上電影院去。

因為去剝皮寮，坐車坐到西門捷運站，後來發現與確診者的足跡只差兩三天——還是找到日記紀錄才放下心來。

但是整個五月初都仍然是樂觀的。

我在公館的咖啡館裡，一邊用電腦看電影，一邊寫影評。會在公館咖啡館，是因為在耕莘有一堂寫作課、方便與朋友見面、還有就是爭取時間看片——在咖啡廳不用自己弄餐點。日記裡抱怨了「同一家咖啡廳是怎樣突然掉到3G害我連線不順」——不過，當時就是按網路上的教戰，重設了一下什麼就正常了。兩天咖啡廳，記得看了至少五部

法國新浪潮的片，《女人的一生》、《巴黎屬於我們》、《我是黑人》，有些是重看，有些是新看。莒哈絲的《毀滅，她說》尤其好——希維特的《巴黎屬於我們》長得不得了，卻也是好得不得了——整個在說的其中一點，就是死亡的威脅——但我在看與寫的時候，同樣沒有「感時憂城」，想的就是巴黎的殖民反殖民緊張——電影仍然是電影，疫情仍然是疫情——各走各的。而對疫情的具體感覺，還停留在禮貌性的戴好口罩。

這幾部片都是為著就要來到的「2021臺北文學・閱影展」準備的——當時想著電影就要在光點放映，有河書店會有影評人686與策展人楊元鈴的座談，我好像把宣傳的圖都準備好了，覺得在催大家去光點之前，可以催大家去有河一趟——然後，就有莫名大浪劈下，三級了。活動取消，電影院都關閉。

其他答應的座談還要繼續，但改線上。去大學辦公室直播前，抓一個三明治吃吃都變得非常複雜——不能內用，只能外帶——那是站在街上吃嗎？我咬了幾口，又把三明治放回袋子裡。

「昨天也看到救護車從巷子中跑過，不知與疫情有關否。文山染疫的人不少，雖然次於萬華，但也有三十幾，文山一分局有警員染疫，感覺不單是社區，而是我的社區也不太安全了。」——這是五月底的日記。

如果打一個比方，光是五月到今天，我就老了十歲——這個的意思是，當我想到今年的五月初，我仍然能感覺到一個比較強壯、年輕與堅強的自己，但是這種「心理的榮景」，今天沒有了——事實上，工作很忙碌，除了活動改成線上，替書拍照時遇到若干麻煩，並不能說受到嚴重的損傷。可是當我意識到「老了十歲」的落差，我想那是因為精神上還是受到了折磨——這種折磨不太具體，以我愛獨處的性格，省去社交，並不會減低我的快樂。然而，那種對人類社會脆弱的深深體認，構成了密度很強的陰影。

它反映在，我幾乎不太願意想起終於能與大家見面的法國新浪潮影展——迴避想起來，是因為它連著那段極度驚慌的三級記憶。我最愛的電影電影院，必要時也是必須放棄的。我雖然不輕言「受到打擊」，但回想起來，那裡存在著一種非常根本與尖銳的動搖與不得不然的再省。

年初，我答應為《Fa電影欣賞》撰寫「想不到的台灣電影」專欄，原本很可能搭配甫上映的影片，結果不得不另外設法。於是，我只得回過頭在非電影院的電影中搜尋可寫的片。非常幸運地，重看了萬仁《油麻菜籽》的國台語版，補看了林搏秋的推理大片《六個嫌疑犯》，並且發現了絕不應該被忽視的女導演李美彌與她的《女子學校》——《女子學校》裡恬妞與沈雁兩個當年的「典型玉女」，將一對被拆散的高中女性密友（或說「準同志」），詮釋得絲絲入扣，演技之精湛，令人嘆為觀止，這使得我興起研究台灣女演員的熱望。這部電影，即將在「女性影展」上映，

拜疫情緩解之賜，大家可以進電影院觀賞——從研究的角度出發，對於可以怎麼看電影是完全不能挑剔的，電影院可看電影院看，電影院不可看，有什麼管道就什麼管道看——然而，電影院的選項，仍是極其珍貴的。

這段時間裡，我也注意到一個小新聞，就是導演葉天倫呼籲暫停拍攝以保護演員——那是 Delta 似非進非進台灣的時期。我深有所感——此前我剛經歷了一番周折。因為我拒絕在拍攝宣導片中，脫下口罩，離開了一個原本受邀的被攝計劃。拍攝的場地是公共場所，且非單人出演。導演對出資方再三反應，口罩會降低影片的生動效果，我建議了折衷的方法，比如後製時再加上無口罩的圖像等——我因此也詳讀了那段時間電影劇組收到的相關規定。我的想法是，若是電影拍攝，那是情非得已，在制度的規範下，兼顧防疫與經濟，我完全贊成。若是對工作人員更加深惜，採取「一起休養生息再一起奮起衝鋒」的做法，我覺得「這也是電影愛」。

但一般的宣導片，並不符合我心目中需要冒險脫罩的比例原則。我認為不能發揮其他創意與運用各種技術，幾乎是愚蠢。但我對文化事業近年來「竭澤而漁」的末日傾向相當同情，我及時從犯傻的計劃中脫身，但在日記上寫了這句話：「不懂自重，何來文化？」

那之後幾天，台灣剛好陷入 Delta 的風暴，但我並不是「因為擔心疫情嚴重」才堅持「不脫罩拍攝」，我認為那是原

則問題。在和朋友提及此事時，我說道：「防疫是一個整體，疫情若是始終沒有完全過去，像電影院，整個電影業的士氣要怎麼恢復？就是要撐過去，整個好起來，不是大家你鬆一點我放一點，然後杵著不能降級。」——我在最悲傷急切的狀況裡，想到說到的竟就是電影院——原來我那麼在乎。

但這個事件，也使我感到「應該重新評估對文化事業看重與珍惜的必要」。沒錯，我會成為破口的機率並不高——但為了拍攝而脫罩，這是冒不必要的風險。我因為喜愛看建築文章，所以對林芳怡這個名字記憶很深——根據中央社擷取的友人臉書報導，林芳怡是 2021/06/09 突然呼吸困難，在救護車上就過世，檢查為新冠確診——我深深地痛惜，雖然並不認識，但曾受她的文章哺育。這事讓我更了解，關於新冠，我們並沒有掌握它的全貌與傳播原理，若是我盡力了仍染疫，就沒有任何懊惱。反之，且不說我愛不愛電影或書本，我首先就是一個笨蛋——而笨蛋，對社會與文化的貢獻，都是負向的——就算不為人所知，自己不會不清楚。

我就要再進電影院了，百味雜陳地，但百味雜陳並非不好：未來將是一個完全不同的開始。

專訪撰稿　李姿穎

攝影　洪以樺

**少女 A**

歡迎光臨午場酒店

〜〜

原專訪刊載於二〇二一年六月七日　受訪者回顧於二〇二一年十月十一日

少女A面貌溫婉如白瓷，穿著中性oversize衣褲，雖然一頭亮麗的黑色中長髮，但頗有City Boy的氣質。少女A這個名字有《絕歌》少年A的影子：一九九七年，一名未成年少年犯下兒童連環殺人案，震驚了日本社會，日本司法程序嚴禁揭露少年犯身份，新聞媒體稱呼他「少年A」。少年A作為一種代名詞，在二十年間經歷許多作品改編，恐懼同時，也雜揉人類社會對這個身份的窺奇。

凝視著少女 A 的，深淵也在凝視著你。她身份錯綜，一名曾在午場酒店打工的研究生，自稱寄生台北的南方人，讀性別論述的性工作者，執筆的人。寫有關無法被論述解答的身體、慾望、貧困。少女 A，則像一個暫時的容器，只是在這裡待一會兒，社會上並不乏少女們對號入座進貧窮與性別身份交叉而成的問題位置。

少女 A 於二〇二〇年開啟在 BIOS monthly 的專欄「歡迎光臨午場酒店」，在這之前，只是在 Tumblr 放些隨筆，「這是我第一次投稿，想說應該也輪不到我……第一次寫這麼長的文章，其他就是論文……」投稿 BIOS monthly，也是一種讀者的敲擊：「在做小姐的時候，我會看你們的人物採訪，黃麗群、胡淑雯之類的，我會去看她們作品。小姐在等待時很無聊，我又不想看論文，就看書。」研究所時其中一堂課「性別與文學」讓她開始讀台灣文學，在等下一檔時，比起論述，那些字更能完好時間裡的隙縫。

做小姐之前，少女 A 在設計公司打工，一面寫論文，「因為速度太慢，每天被罵……後來我被炒魷魚了，剛好我室友是做酒店的，她就說如果妳很需要錢，可以往這方面想想……」她確實很需要錢，因此開始打聽相關工作，因緣際會：「前男友貼了一個很怪的網站給我，裡面有各式各樣的八大，我就隨便點一個進去。」

化名「小惠」，開始了在林森北路的工作。

### 世界上的小惠們

「其實小惠這名字的靈感來自大學同學，她也是做酒店的。經紀人問我要用什麼名字？我就想到了這個好朋友。我本身沒什麼朋友，知道彼此都在做後，我們關係變得很緊密，就會聊到她在酒店跟我在摸摸茶的差異。」在做酒店的小惠，跟在做午場酒店的小惠，既像受苦的分靈體，又像活在這個世界上的另一個薇若妮卡，兩人相伴為室友、在台北的家人也好一段日子。

不只小惠，當時少女 A 因小姐身份、在交友軟體上被喜歡的男生拒絕，與身邊鄰近的人聊起失戀，才發現：「不是只有我，原來有很多人都做過酒店，只是沒有公開。」少女 A 的專欄露出後，更多讀者主動私訊她分享自己的從業心得，「連我室友也是因為文章的事，才有機會跟她深聊她做過酒店的事，有種莫名溫暖的感覺……」

酒店的客人，不會吃小姐豆腐，不會硬要小姐做半套，「我以為做半套跟S是基本的，她也對於摸摸茶真的不用喝酒、只要喝茶感到訝異；酒店小姐會互相carry，不怕沒話聊，但摸摸茶是一對一，就要從頭演到尾。」酒店以「節」計算，一節十分鐘，約一百七至兩百元台幣，做一個小時下來比摸摸茶多上許多：

「摸摸茶的計薪方式是客人需要先繳給幹部兩千塊，場地費一千塊，點小姐一個小時一千塊，我們的上班時間有限，客人又超級少，很多都是老人家，一天坐超過三檯，被點超過三個小時就算多了，所以常常會出現小姐來一天不知道在幹嘛，一直在等。如果我要賺到多一點錢，就要盡力做S或半套。」

少女A與室友小惠，皆因為疫情暫停了這份工作，若是沒有疫情，她們都極有可能做下去：「一方面覺得這就是工作而已，沒必要躲藏，而且我們都是不想待在辦公室的人，現在網路能接觸到的資訊很多，遇到奧客、店家詐你，都可以在性產業社群內問問題，而且很快就能被回覆，讓我覺得世界上的小惠們不孤單。」

性工作者的視野與風險，倚靠性工作者們自立生成，「台灣有一個NGO性產業勞動者權益推動協會，裡面很多講座是提供給性工作者，這種八大教育很重要啊，會提供一些知識、疾病求助、定期篩檢⋯⋯。」手天使、男男按摩師、酒店小姐，串連起更強壯的資訊流通網。

### 性產業鄙視鏈

在摸摸茶工作，客源較少、又須付出更多勞動力，有時去上班，也只是乾等一天。既然如此，何不乾脆去做酒店？「酒店喜歡『乾淨』的身體，但我的身體有很多刺青。」她刺上不同刺青師傅的作品，大多數沒有意義，只是因為好看。

身體能夠承受刺痛的極限是什麼？

暴力隨時像跳蚤一樣爬上她的身體與精神，她所經營的 Twitter 每天都有上百封未讀的「欠幹文」與屌照。「好像一旦女人說自己有情慾的需求，全世界都可以來上她。我是有情慾，但需要的不是你。」

少女 A：今年收到屌照跟騷擾減少很多，不知道是不是因為大家都知道我會公開的緣故。慢慢地在推特上看到其他女生也會公開噁男的騷擾訊息跟帳號，變成一種風氣，這些噁男看到訊息被公開就會馬上關帳。真的是只有大家團結起來，不要默默吞忍，這些的男的才知道我們不是吃素的。

展現身體、表達慾望，因此被貼上「妳很好上」「很騷」的印象，她對此困惑：「好像我就應該要承受他們對我講各種貶低的話……我覺得不管是在性產業、或是私領域，女性要去做情慾的實踐是相對困難很多的。」身體主張男賺女賠的邏輯演變至「思想進步女性、表達情慾的女性不該對性騷擾感到不快」。無論是性工作的隱蔽性，或女性身體的貞操觀：「如果我今天想要公開，你並不能用任何方式阻止我。」

少女 A 不只一次受到親密關係的暴力，精神與身體皆是。

性工作的啟示，彷彿見過地獄就不怕魔鬼，面對來路不明的男子問：「約嗎想我嗎？」她也能秒回：「沒有啊去死。」

「以前會有一些論文說，在性產業裡如何 empower 自己的，那真的是很少數。大部份的人是沒有資源在這樣的勞動環境下去賦權自己的，在那個場域裡受到人格貶低是很經常的事，但做下去的人，勢必會找到很小的、個人抵抗的方式……」遇到不爽的客人刻意刁難，銀貨兩訖不讓客人吃豆腐，「有的小姐，不讓客人親嘴巴，她們覺得嘴巴是留給男朋友的地方，用此來劃分工作與私領域，那對這個小姐來說，性的階層就是很明確的。」

在訪稿完成後讓少女 A 看過，正逢疫情升三級，她說，自己回頭看寫專欄的心情，與此刻大有不同，這種個體的傷心真有刊登之處嗎？但，苦難又是否真的僅止於個人。「可能有人認為性產業是可以大賺特賺的行業，但摸摸茶是性產業鏈裡面很底層的，比起晚上的酒店一天收入就破萬，林森北的摸摸茶幫打手槍一次才一千，尤其最近爆出疫情的萬華茶室，那邊狀況又更極端，打手槍一次可能才五百，而且不是每天都能有業績。摸摸茶營業從二〇一九年疫情開始就已經黯淡很多，那時候很多同事都不敢出門上班，就此失聯者更多。」

## 失聯的小姐們，去哪裡了？

萬華茶室的感染源確認以後，不少「到底那邊茶有多好喝」「你今天有連結嗎」的揶揄，「這讓這條性產業的鄙視鏈浮現在大眾眼前。政府有祭出紓困方案沒錯，但在性工作不被承認的狀況下，這些方案也是看得到吃不到。」

現行的紓困，沒有勞保的性工作者或非典型工作者難以申請，最適合性工作者的方案，僅剩貸款十萬，且無勞保的紓困限定一戶一位：「或許更需要因應不同產業別的紓困方案、或紓困金直接發給勞工不要綁事業單位。實際上可以幫助到性產業工作者的，反倒是像臺北市娛樂公關經紀職業工會這樣的陪侍產業相關工會。」

「不賺會死嗎？」這樣的責難忽視了群體社會裡個人故事的複雜性，小姐裡有像少女Ａ這樣自力更生的少女，因為戶籍仍在家中無法申請低收入戶，也有一人養家的單親媽媽，在配套尚未完善的狀態下，疫情艱困找不到其他工作，貧窮讓她們成為高風險族群。

### 沒出息的人

她有一個大六歲的哥哥，從小，父母教養的方式為：「哥

少女Ａ：很多轉戰做直播的，或自己私下變個體戶。也有的靠 OnlyFans 賺錢，但之前傳出 OnlyFans 要取消色情內容，讓不少小姐很擔心經濟收入。

少女Ａ：二〇二一年九月二十八日經濟部公告：八大行業紓困每人可領三萬元，九月二十九日起開放申請。其實也跟之前的紓困一樣，又是看得到吃不到，實施細則是要資方投保勞保方可符合紓困資格。但因為八大的人流動快，導致雇主不太會幫員工投保。或像小姐自己是獨立戶根本吃土。

哥給爸爸帶，我給媽媽帶，錢也是各自負責。」即便住在一起，他們的教養費仍然分別由父母支付：「受限在我媽賺的錢比較少，我也沒辦法得到跟我哥一樣的東西，比如無法出國⋯⋯這可能也是我去唸性別研究所的一個契機。」

少女 A 出生在一個傳統的父權家庭，「我爸是一個滿有錢的家族，表哥表姊都是那種去留學過、在華爾街工作的，過年時，我們家有一個長桌，奶奶坐在最前面的主桌，然後按照階級、地位排下來，比如表哥表姊他們都發展得很好，剛好我跟我哥都是沒有什麼出息的人，我們就坐到最邊邊。」身為女生，在長桌的最後一個位置，就是少女 A。

少女 A：大概今年三月得知爸爸檢查出淋巴癌三期，那時候心情滿低落的。而且我哥不太知道我在台北到底在幹嘛，所以很自然覺得我應該回高雄照顧老爸。那時候心裡真的天人交戰到底要不要搬回高雄，幸好那時候大學同學小惠給我很多的支持，才覺得自己在台北好不容易撐出的距離是對的，稍稍從愧疚感中舒緩一點。現在爸爸化療療程都做完了，病情好轉很多，還能喝紅酒配牛肉，看來命超硬的。

在那樣的場合，不只是小孩被比較，「我媽也會被比較，就是人家會看妳怎樣養小孩，所以她也很抗拒去那種場合。」母親的命運被家族教養調教與塑形，她也同樣刨削著女兒，少女 A 曾在自己的部落格提到，母親在她小時經常「以激烈的言語否定我，同時又情勒表達對我的期望」，如今，她仍然是當年那個要去上課就分離焦慮而大哭的孩子，只是索求的對象不再是母親。

「我後來覺得，那種坐一個長桌的樣子真的是家嗎？」

少女 A：最近發現自己更喜歡看無腦的實境秀，像是 Netfilx 上的《比佛利山莊貴婦》、《與卡戴珊同行》就斷斷續續看了四、五季，很喜歡看這種沒什麼深刻意義的東西，有時候那種「能改變你一生」的這種大寫狀態的電影，反而讓人毫無興趣。

她是一個看電影容易哭的人。「我最近看《令人討厭的松子的一生》也有哭，有很強的代入感，我覺得這部電影描寫很多邊緣性人格障礙的特徵，會把對方過度美化、願意犧牲奉獻到一個沒有原則的狀態……」

「可是……這種失敗很吸引人啊，松子不是一般大家會定義的成功，但她的人格特質就是很多很棒的地方，她對旁邊的人那麼好，為什麼不能被說是成功？」

在少女 A 的某段感情中，對方會對她施以暴力，她曾寫下自己被強暴的事，而後去看了醫生，醫生聽聞她的感情狀況，對她說「不要為了感情的事煩惱」。「我在感情裡，遇到一個不錯的對象就會覺得好想跟他交往，但其實可能只是我過度美化，這是一種人格特質，不過在精神醫學上這是一個『病理』。當時我會想傷害自己，醫生說我是憂鬱症，我進入了『患者』的身份，但那個醫生真的不適合我，後來換了醫生，才知道我比較接近邊緣性人格障礙。」

少女 A：這裡轉變超大的，專訪不久前剛認識一個對象，過不久就跑去結婚，也沒先通知雙方家長，走一個先斬後奏路線。對方也有精神相關疾病，很多人都說有病的人在一起可以互相照顧對方，更能共情同理。但後來發現這講法 doesn't work for me，彼此越來越把對方拖進漩渦，最後我就主動提出離婚了。

「長期吃藥，好像也讓我的記憶損傷，我現在記憶力超差。」少女 A 不禁思考：「拿藥，諮商，所有精神醫療體系，好像都在期待妳『回歸社會』，可以按照權力所期待的方向去生活，好像不

按照這個社會的規範去活著，就是有病，『手機成癮』有一天也會變成一種病吧。」

病是一種社會化的結果，她質疑台灣的醫學論述與規訓如何消滅主體，她曾寫下：「我同意藥物是一個權宜，甚至我會鼓勵別人要回到『正常』的社會身份，去當一個有生產力的人，最快的方式就是吃藥。但那些拿走情緒、與拿走『傷害反應』的藥物有傷生命，那也是它的本質，要認清這個本質，那是『醫療』與『論述』的暴虐。」

人類，一定必須以同一種面目「回歸社會」嗎？

這裡大概是我的小成長吧，慢慢知道要在哪個時間點懸崖勒馬。這種水滴點大的小進步，與別人無關，甚至從外根本看不出哪裡不同了，只是在某個時間點選擇做出孤注一擲的事，好像也沒那麼可怕。以前在關係中，我是不太會設停損點跟主動提出分開的人。因為想說我這樣的人，有人要就不錯了。不知道是不是長大的過程都發生在平凡的夜裡，一直告訴自己妳做得到，有天就真的下定決心就開口了。

**如果他要拋棄老婆跟我在一起，我會答應**

「我看了很多別人的田野研究，以為對這個產業的了解應該差不多了，進去發現完全不是這回事。工作狀態的『演』一直都很浮動，可能遇到這個客人他對妳稍微 nice 一點，就會覺得客人是真心的。」情感的勞動與界線使她迷惑，似乎是看再多研究，也無法明辨的事。

「搞不好，如果今天他說要拋棄老婆跟我在一起，我會答應。」

包廂裡演繹各種親密關係，「那種沒有一開始就對妳毛手毛腳的，妳就會覺得他很紳士、是個好客人。有些客人早中晚來問候傳貼圖，通常都在講他家庭生活的不開心。」偶爾，她會讓客人加 LINE，「那就是，跨越了生意圈，進入到我生活圈的意思。」有時客人會成為私生活寄託的浮木，平衡她在勞動中的被剝削感，當浮木飄走，再度回到勞動狀態。

「在包廂裡緊密的一個小時，就是要實現客人所有性幻想，很多客人會帶他自己的道具來，比如說絲襪或手銬之類的，還有要我叫他 daddy、老師之類的。」受不了時，少女 A 會刻意拖檯錢：「我會在廁所大概待個五分鐘，然後就在那邊滑手機，或者是包廂裡都有 KTV，就在裡面唱歌。」遇到討厭的客人，少女 A 刻意唱客人無法互動的歌，如〈捲煙〉〈台北直直撞〉，一旦解了，客人下次就不會點小惠的檯。

「橘背心一直叫我踩他的臉，『再大力一點！』越大力他越興奮，他拿出手機，要我錄下他被踩的樣子。原本我很驚恐，再後來我的驚恐幾乎被稀釋了，或者說，我對我的極限認知輪廓又再擴張了一點。『或許我這個唸性別研究的應該要對性癖有更寬的接受度』、『我應該不能因為他的性癖討厭他』這些話一直在過程中出現在我腦海，但驚恐感是很難用言語分判釐清感知的。」

——少女 A〈那個人要我踩著他的臉，錄下他被踐踏的樣子〉

現在她不做小姐，開始接零星的設計案，「但有點難生活，很多案子就是要拖的時程長，不一定每個月都有錢，所以我有時候會去找 sugar daddy。」她在包養網站尋找單次約會：「包養是比較長期的關係，我不想全部時間去經營跟那個 daddy 的互動，感覺還是要關心他啊、表演那個戀愛感，我找的通常都是單次的 sex，對方通常都有結婚。」

Sugar daddy 不一定是非常有錢，可能只是普通的男子，「但我們不會聊他經濟狀況，他們出來通常都是在抱怨家庭，這些男人喜歡找年紀小的女生，可能十八、十九歲，通常都是家裡狀況不好、或是離家少女。」

## 我哪會按呢生

從小姐到職業糖寶，她已經習慣在明暗間身份穿梭。因為社交困難，生活交往的關係，除了因為工作認識的男人，大多是交友軟體認識的。

少女 A 玩笑在交友軟體「心交」認識的人到現場聽音樂，大概都是婊哥婊姐大認親。雖有聽團，但不會劃分自己為聽團仔：「我不喜歡去現場聽，因為我覺得在那樣的場合，彰顯身份變成一件很重要的事，比如說有人覺得一定要一手拿著啤酒，穿成怎樣就被歸類在

少女 A：用 Tinder 交到男友之後就沒再用過交友軟體了，但疫情後很懷念一群人聚在一起的日子，也沒再去聽團，以前週末習慣的娛樂現在變成跟男友在家耍廢，煮飯，玩貓的家常生活。

男友是在疫情三級期間認識的，那時候

也沒有特別想談戀愛（因為什麼事都做不了），滑滑 Tinder 就跟他斷斷續續地聊起來，見面幾次之後突然就發現「好像喜歡這個人欸」。有點像把信裝進玻璃瓶中，讓它隨海漂流，誰會在哪裡拾起都不是誰能控制的。

哪個圈子。」

她喜歡聽樂團 my little airport，也聽毀容姊妹會；她愛伍佰唱的「我哪會按呢生」，也陶醉在 Serge Gainsbourg 唱給 Jane Birkin 的按捺不住與喘息。

不想輕易成為任何一種人，成為某一種特定的人使她尷尬，社會化的標籤像殘膠，使她無法輕易歸類自己，過於靠近任何群體，讓她害怕。

「我不善於表達，我比較知道怎麼用身體互動，那好像也變成一個敲門磚，我發現這很像打開一本書直接看結局的感覺，知道結局了，好像中間的細節也不是那麼重要。」性工作與情感間的等價交換，也讓她過去在摸摸茶上班時，會為了彌補自己的匱乏感，下班找人上床，「我會覺得這樣可以撫平我被不對等對待的感覺。」

「我現在有努力不要這樣，但我實在滿容易暈船的。」高中時她看漫畫《NANA》，心裡想：「很衝擊，看到覺得幹好亂喔。」娜娜與奈奈之間的佔有、奈奈的心之歸屬、蕾拉的浮木、娜娜摻雜著嫉妒的愛，「長大後就覺得，這真的是很自然啊……矢澤愛怎麼可以挖掘到團體生活裡這麼幽微的情感？愛情裡可能還混雜著很多成份，愛情不單純是愛情。」

還有，「奈奈怎麼可能一直愛上渣男啊？但愛就是很fuck-up，太寫實了。」

當年，奈奈因為 Takumi 若即若離的寵愛而心醉不已，但仍然在伸夫擁抱後對她說「我就算逞強也要讓妳得到幸福」心動不已。複雜的性關係底下，其實她只是渴望愛得膚淺一些：

「其實我不是像伸夫想像的那樣單純，我只是個無藥可救的女人，而 Takumi 也是那樣的無藥可救，就像世界上，我唯一的共犯。」

也許，那是世界的少女 A 們最能感到安全的位置。

少女 A：後來想想奈奈的狀況，覺得作者創造奈奈這個角色真的是一種很體貼的事情。當我們看到某個人在水深火熱之中，可能就想站在道德高處告訴對方這樣不好，但用「擔心」的名義不管是介入或給出自己覺得這樣才是對的意見，都很武斷吧，也是一種暴力。對於當事人來說，說不定只有這樣子，才是他們的容身之地吧。

最後想說，任何人都有闡述「什麼是對的」這樣的權利，但只有你自己可以詮釋你自己。

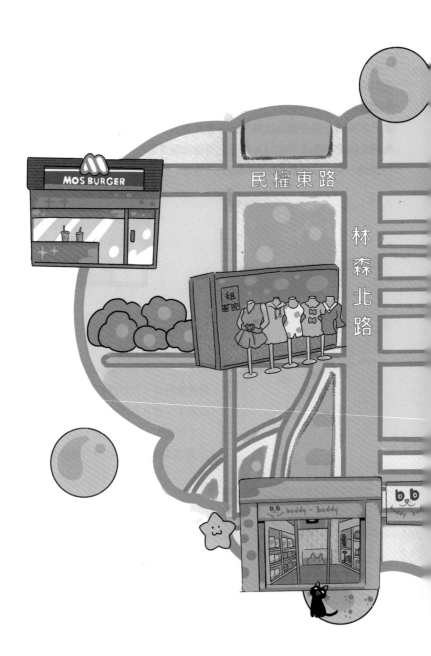

# Sprinkles——

**現場一百答（不是專訪心法）**

沒有任何一篇專訪是一個人完成的。

如果受訪者是一篇訪問的臉，
編輯、企劃、訪問者、攝影師……各式各樣的人，都是肌理與骨骼。

思考關於訪問現場的一百個答案，為你解剖一篇訪問的完成。

## 一小時訪談，逐字稿平均打幾個小時？

三小時，不過有時打到前三分之一，抓到感覺，文章就能順順寫出來。陳佳濃｜EVERYDAY OBJECT 主編　我不打逐字稿 XD 做訪問時，比較習慣記錄有亮點的話再回頭去找，通常會全部重聽完但不會逐句打下來，窮途末路時才會打逐字稿…… 神小風｜寫作者‧雜誌人　起碼四到五小時。簡直是修行。馬欣｜作家‧影評人　我沒有特別算整理逐字稿的時間，但一小時的訪談，大概需要花十個小時來寫。馬翊航｜前幼獅文藝主編

## 一句話惹惱記者／攝影／編輯／企劃？

你是編書的？王聰威｜聯合文學‧鹽分地帶文學總編輯　簡單寫一寫就好。你們應該只要下標題、放圖片和改錯字而已吧？Irene Lin｜WONDER 覺誌總編輯‧共同創辦人　我知道你要問什麼。馬欣｜作家‧影評人　照片拍得很好耶！我剛都在看照片，還沒看字。（之後可能也不會再看）陳佳濃｜EVERYDAY OBJECT 主編　拍攝權貴噁男，對方對我說：「我覺得妳適合吃生酮飲食欸，這樣妳身材就可以回到十八歲了！」謝佩穎｜財經雜誌攝影記者　替某廣編客戶訪問時，依照當初講好的訪綱訪問到尾聲，卻被客戶說了一句：差不多可以問到重點囉。（請問到底是覺得我的採訪多沒有重點＾＾）楊孟珣｜前雜誌編輯　那些東西網路上都有，你不要問我，參考網路上的就好。王志元｜記者‧攝影師　可以先看一下嗎？（你去餐廳也不會要廚師炒菜到一半先給你看一下鍋子裡的菜吧）賴小路｜快門檢查員‧國民前夫　相信大多是「小時不讀書，長大當記者」，但我承認我沒好好讀書。江佩津｜文字工作者　我不大容易因職業偏見（或實在的建言）被惹惱。全身上下就這個特質適合當記者。李振豪｜鏡週刊人物組文字記者

## 最常約訪問 / 拍攝的咖啡廳？

閱樂書店。過去會選擇這家，大多是因為好拍照，空間大，店家好溝通，亦有戶外場景可取，壞處就是場景實在太好認，選那裡會有偷懶之感。看到同業選那裡也會覺得對方偷懶！ 神小風｜寫作者・雜誌人　　PAPER ST. 紙街咖啡。待了好一陣子的雜誌社辦公室就在這間咖啡廳樓上，是再方便不過的約訪地點。黃銘彰｜自由編輯・文字工作者　　本來好愛「伊日書屋 YIRI BOOKS」，三月收掉之後還在尋覓中。 許慈恩 Ani Syu｜自由編輯・文字工作者　　離線咖啡。 鄭雅文｜自由編輯　　會請受訪者挑選他們習慣、舒適的場域，但多數不會選咖啡廳。由於我主要的路線是社福，採訪通常會約在服務非行少年的機構、受暴婦女庇護所等安置處所，或約在對方的社區、居所。專業人士例如社工、心理師、醫師等採訪，大都約在對方的辦公室或醫院。以我目前的經驗，「咖啡館」對我的受訪者來說不見得是他們感到舒適放鬆的場域，因為有些人原本就不會去咖啡館消費，約在那裡會讓他們感到拘束；一些需要更私密無干擾空間才有辦法敞開心胸談的話題。 曹馥年｜非營利網路媒體報導者資深記者

## 最不喜歡／最膩的拍攝地點？

咖啡店，光不好的咖啡店拍起來很辛苦啊。叮咚 dingdong｜寫真家・焦慮王　咖……啡……廳…… 蔡詩凡｜攝影師　充滿 OA 傢俱的辦公室。潘怡帆｜影像工作者　咖啡店。KRIS KANG｜攝影師　公司的會議室。（通常集最差的採光、最無趣的裝潢擺設和最醜的傢俱於一身）林軒朗｜攝影師　會議室最可怕的地方只有一個。就是燈光很白，空間很窄，陳設非常功能導向沒有人味。眾多辦公室當中又以新創的辦公室最可怕。因為裡面會有一堆廉價的傢俱，與比這些傢俱更廉價的口號。其實只要是空間性格很明顯的地方，無論是創意風、可愛風或是辦公風，基本上都很難拍。汪正翔｜攝影師　可能是公園，我不討厭也不膩，但有時候讓我無所適從。湯詠茹｜拍照的人

## 最適合拍攝的工作服？

攝影師的工作其實對服裝的機能要求不高，通常都是一種形象的考慮。譬如拍劇組要全身是黑為了融入大家，拍大師要正式一點是為了表示尊重。但是有時候真的天氣很熱，你還是會想要穿著短褲，可是這時候攝影師的身份就有點尷尬。一方面攝影師應該是一種勞力活，因為我們要扛著重物，要一直站著，所以我們應該跟從事勞動的人有一樣的特權，可以穿得比較隨性，你看動態攝影基本上都是這樣。可是另一方面平面攝影又有不那麼勞力的一面，我們的角色有時候比較像是記者，所以這時候又不能穿得很機能。有一次天氣很熱，可是我要拍一個日本大師，我就想了很久。汪正翔｜攝影師　　Black everything so no reflections! If outdoors, wear arm sleeves and hat. Sean Marc Lee｜攝影師　　好爬上爬下的都適合，主要還是耐磨的工作褲。楊雅淳｜影像工作者　　絕對是寬鬆舒適的褲裝，因為要在有限的場地內鑽去很多難以理解的地方～♪ 陳佩芸｜攝影師　　拍喜歡的男生時會穿可愛一點，拍漂亮的女生時會穿樸素一點。潘怡帆｜影像工作者

**最緊張的一次訪問／拍攝是訪誰？**

訪問我爸。因為是我爸。 熊一蘋｜接案寫作　　茄子蛋，拍其他藝人明星或政治人物都沒拍茄子蛋緊張，整團太帥了，手都在抖。 郭潔渝｜影像工作者　　陳珊妮。（遇到珊妮誰不會緊張我就問） KRIS KANG｜攝影師　　訪英國傳奇主廚 Heston Blumenthal。事前擬了訪綱，但完全不管用，他是外星人講外星話，令人腦洞大開。非常有收穫的一次訪談。 Liz 高琹雯｜Taster 美食加創辦人　　日本設計師水野學。除了他對於設計上的高度成就外，因為在他的事務所採訪，突然走進設計師高度品味的領域，當下彷彿會被大師看穿個人喜好般的赤裸。 陳頤華｜秋刀魚總編輯　　來吧！焙焙，可是對方都不知道。 建權｜微型媒體 semi 主理人

## 訪問／拍攝時最討厭遇到的事？

第三方（經紀人、介紹人之類）瘋狂插話補充。 熊一蘋｜接案寫作　很多前期不在的人突然出現插手：） 游育寧｜BIOS monthly 專案企劃　閒雜人等在旁邊跟著拿手機一起拍照…… 鄒保祥｜攝影勞工　颱風天，到底要不要跟受訪者約別天。 建權｜微型媒體 semi 主理人　受訪者攜帶伴侶出席其實 OK，不過如果硬要坐在同一桌，訪談進行間請先不要曬恩愛十指緊扣並拍打餵食……採訪只有一小時，愛侶們先忍一下好嗎。 多馬｜OKAPI 閱讀生活誌主編　最可怕的就是同意了你以為這是合意採訪，結果對方是基於某些原因勉強受訪，訪談過程像是強迫相親。 Peas Lin 林芷婕｜小日子享生活誌總編輯　訪前提供的題綱，如果受訪者明顯沒有看就來作答，是滿不尊重別人努力的。 張容甄｜HereNow 企劃編輯　沒有被告知下被改掉訪問題目。有一次訪問日本建築師手塚貴晴，日文翻譯把我提的提問修改調整順序，讓我整個 flow 大亂。 梁大文｜獨立記者・攝影師　對方對自己的作品沒有什麼可言之處。 劉秝婕｜編輯

## 視訊採訪最困難的地方？

對方開啟鏡頭的瞬間。（不管看見什麼都要顧好表情、各個擊破。） 許慈恩 Ani Syu｜自由編輯・文字工作者　眼神的交會聽起來不是必要的一個環節，其實再重要不過。 郝妮爾｜向予書苑負責人、作家　對氣味敏感的我，無法嗅到對方發散出的氣息很沮喪，像在外太空對話。 詹雅婷 Mimy Chan｜The Big Issue Taiwan 主編　沒辦法與受訪者有訪問之外的互動。 戴居｜企劃・音樂文字工作者　（其實不用出門、少了交通時間及各種等待時間還滿爽的。）就我個人而言，最困難的地方是家裡很亂，要整理房間；以專業角度而言，主要就是少掉一些在文章裡可用的素材。環境描述、受訪者的肢體反應等等，文章寫起來限制較多，容易乾！ 陳芷儀｜文字工作者

## 被要求修圖修過最離奇的部位／東西？

女明星要求把胸部修小。（因為太大不時髦……） 宋修亞｜自由攝影師　幫牛肉麵修形狀。 KRIS KANG｜攝影師　啤酒的泡沫要加滿。 王晨熙｜攝影師　拍攝時堅持要帶上入鏡的配件，拍完後請我把配件修掉：） Liszt Chang｜攝影師　公部門指定街拍照的計程車臨停違反交通規範，必須修掉路上紅線。 安比｜聯合文學視覺設計・自由攝影師　把一張在斜坡上拍攝的照片修成平地（斜坡上還有人） 林軒朗｜攝影師　女藝人的發稿照前後修了五次經紀人都覺得不行，最後一次已經不知道要修什麼了，然後就原封不動把照片裁切一下再傳過去，然後就過關了。 張國耀｜影像工作者　拍居家婚紗時新娘要求把書架上某本書P成另一本，因為那本是前男友的書。 賴小路｜快門檢查員・國民前夫

## 過去訪問中最想改寫的一句話？

想把所有受訪者用台語回答的句子，都換成正確的台語用字。 李振豪｜鏡週刊人物組文字記者　訪問作曲家張玹時，我的小標「與自然共同創作」。他聽到當時有點遲疑。 林巧棠｜作家·譯者　所有描述天氣的句子。（天啊好羞恥） 馬翊航｜前幼獅文藝主編　比較多的是後悔採訪沒有問到某些問題。 張以潔｜La Vie 採訪編輯　每看一次自己的稿子就想改一次，每句話都想重寫。 鍾岳明｜前鏡週刊人物組文字記者·鏡電視藝文中心記者

## 訪問 ╱ 拍攝前後對受訪者觀感差異最大的一次？

Tizzy Bac 的音樂大多是傷心的，但團員本人都很有趣，會講很多垃圾話，笑點層出不窮。 林貓王｜DJ・音樂文字寫手　北影採訪淑芳阿姨，本來擔心訪綱會被吐槽，結果訪到她差點落淚，還把假牙拔下來給我看（？？） 曾芎之｜BIOS monthly 社群編輯　荒木經惟？訪前覺得他是個色瞇瞇又大牌的攝影大師，訪後覺得他不過也是大病初癒後對生命有點無力的親切老人。 梁大文｜獨立記者，攝影師　因為《親愛的共犯》這本小說，有幸可以訪談到陳雪老師。老師的形象溫柔婉約，撒嬌又帶點學院的知性。甲板日誌的節目風格，一直是詼諧無厘頭，尺度不設限，本來擔心陳雪會跟節目風格格格不入。沒想到老師妙語如珠，她談他們年代的女同志交友，談自己談戀愛的壞習慣。我們也探討男同志文化，老師甚至很想去 gay bar 看看，也對情色按摩的「四手聯彈」充滿好奇。 王士堅・安迪｜廣播・Podcast 甲板日誌主持人　陳珊妮老師。結果她不是公主，是菩薩。 蕭詒徽｜BIOS monthly 編輯　有很多，尤其是那些以好感度聞名的……很想講，但實在不好說。但其實，感覺很難搞的，通常就真的難搞。 李昭融｜VOGUE 執行採訪主編　原以為文化界前輩理想滿溢但口袋空空，訪完發現，只有我在喝西北風。 韋惟珊｜商管媒體數位內容主編

## 影響專訪寫作／拍攝最深的一篇訪問？

第一次訪問。對象是某舞台劇大佬，聊完發現沒開錄音。嗯，影響我，很深。 蔣亞妮｜〈崇尚〉自由寫作者　李桐豪在《壹週刊》人物組時期的訪問〈做自己／連勝文〉，現在好像找不到這篇了。只記得當時他把對方碩大的身軀寫得好「嬌小」。 陳冠亨｜Blow 吹音樂主編　我想是《紐約時報》記者 Motoko Rich 專訪導演是枝裕和〈孤立、隱形和麻木：是枝裕和電影中的日本陰暗面〉，文章的結構十分漂亮。 王信權｜音樂文字工作者　　《Rolling Stone》雜誌總編輯 Jann S. Wenner 一九七〇年訪問 John Lennon 的紀錄，後出版《Lennon Remembers》，我和陳維明曾合譯為《藍儂回憶》一書。 馬世芳｜廣播人・寫作者　我訪導演楊雅喆的〈悲與喜和開頭結尾的我們中間〉用了一種突發奇想的體裁來寫，這篇文當時把桂綸鎂看哭了所以也許對我是個特別的鼓舞。 孫志熙｜B 站骨灰級撰稿人　二〇一七年出任台北電影節總監的導演沈可尚。在那之前對電影這大千世界只是懵懂，但聽他講述的一席話，讓我真正開始對電影悸動，理解劇情故事之外的所有元素，正是造就電影如文學語境般的景深。 Alice Chan｜Polysh Feature Editor　馬世芳和瑪莎討論華語歌詞的對談〈我們是這樣看中文歌詞的〉，那之後我對掌握第一人稱文體更有把握。 楊偉成｜500 輯專案主編　〈妻死後的這些年，我都跟別人說：「她去當老師了。」〉是一篇對大體老師家屬的專訪，另有教學大體解剖課的教授專訪。為了這系列文章，親自去旁聽大體解剖課，看到了令人敬重的大體老師們，差一點就要看到自己曾擦肩而過的研究所老師了。這次經驗給我很深刻的生死體悟，及對於人物專訪中的理性與感性拿捏。 薰鮭魚｜拍手 Clappin 總編輯　五年前訪馬欣與鄧九雲，發現自己善於讓人放鬆，亦開啟重要的友誼。 張硯拓｜影評人・釀電影主編　二〇一七年三月於松菸小賣所進行的林奕含專訪。 李姿穎 Abby Lee｜躺平首席

**請用一個形容詞＋一個名詞比喻「專訪」對你而言是什麼？**

一場近藤麻理惠的情緒收納。 李桐豪｜鏡週刊人物組文字記者　　性感的人工受孕。
謝璇｜台北電影節選片人　　一起散步。 毛奇｜飲食文化作家・名廚媒體資深編輯　　需要
厚工精燉的高湯。 包叔平｜前 Shopping Design 副總編輯・自由文字工作者　　一場無關
勝負、只記錄過程的記憶／心靈捉迷藏 。 鍾岳明｜前鏡週刊人物組文字記者・鏡電視
藝文中心記者　　漫長的圍棋覆盤過程。 房慧真｜前記者・作家


**作為一個採訪者／拍攝者最有成就感的瞬間？**

我從來沒有感覺有成就。 李桐豪｜鏡週刊人物組文字記者　　當受訪者回答，說「這
段不能寫喔」。 雜誌小姐｜翻雜誌活動主持人・The Affairs 編集者新聞專案主編　　在超醜
的專訪現場跟超醜的街景走了一點五公里找到超美景。（當然受訪者也走了一
點五公里） 林俊耀｜攝影師　　採訪對象表示訪綱用心，或使他有收穫。 徐韻軒｜
Blow 吹音樂編輯　　攝影作為語言。透過掌握它，進而描述一個世界、或使世界
向我敞開。 蔡耀徵｜自由攝影師　　從採訪過程的苦手笨拙，到作品純熟完成之間
的巨大落差。我又再度騙過世人。 房慧真｜前記者・作家　　要怎麼區分成就感和
虛榮感呢？不知道之前好像無法回答。 溫若涵｜BIOS monthly 總編輯

**訪到誰，會有「採訪／拍攝生涯無憾」的感嘆？**

採訪《玻璃假面》日本漫畫家美內鈴惠，拜託她偷偷告訴我最終的結局。詹雅婷 Mimy Chan｜The Big Issue Taiwan 主編　　Roger Federer。是我心目中最偉大的運動家，也是我人生第一個追逐的 icon。好希望有機會親炙他那場上、場下由裡而外散發出來一貫優雅的魅力啊。黃銘彰｜自由編輯．文字工作者　　Anthony Bourdain。在二〇一八年夏季出版中文書前波登過世了，我曾遞出訪綱被答應回覆，於是我應該都會一直抱著這個遺憾吧。雜誌小姐｜翻雜誌活動主持人．The Affairs 編集者新聞專案主編　　因為我喜歡的人滿多的所以常常有這種感覺（笑）葉怡蘭老師應該算一個吧，訪問約在葉老師家，美！！！栩栩｜BIOS monthly 特約編輯　　希望能有機會訪村上春樹。（但感覺會緊張到爆炸而一句日語都聽不懂，所以還是希望有翻譯）李筱涵｜作家．人物專訪記者　　樹木希林，但可惜現在沒有機會了。擔任採訪工作久了，對於公版式的回答越來越不耐。喜歡跟真實的人對談，因為這才叫做真正的對話。樹木希林在生前採訪時常常會給人意想不到的答案，這種驚喜感是我覺得現場採訪存在的意義。不然現今很多藝人的回答都很公版，那其實用 E-mail 聯繫就可以了。張翔｜GQ 生活風格暨專案主編　　本以為自己人生中並沒有特別一定要將誰作為 role model，但今年（二〇二一）協助彩虹平權大平台製作了《雨過天青：2016-2019 有你一起走

的婚姻平權攝影故事書》時，在系列訪談中跟訪了尤美女委員，從婦運到婚姻平權運動，對於大家難以有正面想像的政治，卻真實看見有人能夠在這條路上，完成抱負，讓世界更好，當下真的有種「啊可以了！」之感。 劉玟苓 Wen｜自由編輯・海有關的文化主理人　　目前沒有，我甚至認為自己不該有這種想法，因為需要對等與對立。 陳昌遠｜鏡週刊人物組文字記者　　真的沒有答案……對我來說時間點＋人名好像比單純名字更重要。 胡士恩｜500 輯主編　　沒有拍到誰會讓我覺得攝影生涯無憾。不過如果可以一直拍我老婆五、六十年，我會此生無憾。 鄭弘敬｜攝影師

## 後記：解讀與解毒

BIOS monthly 總編輯溫若涵

我所尊敬的寫作者張亦絢受訪時提及，某次在想死的心情中，依然赴約看了應允朋友的話劇公演。看完悲劇性的角色後她釋然，「這並不只是他比我痛苦，而是了解有人在接受那種痛苦，方法是有的。」

她說，自己也曾想過像書中角色那樣，上街濫殺無辜，因而能體會為什麼人會走到那裡。

我成長過程中有部風靡世界的漫畫叫《死亡筆記本》，只要在筆記本寫上名字，不需手染鮮血或吊設詭計，就可以讓一個人去死。直到很多很多年後我才知道，不只在日本，不只是我，許多人都製作過屬於自己的死亡筆記本。

這是一種壞心與罪惡嗎？就我所知，當時許多做了筆記本的人，也只是想逃離無法掌握的困境——被霸凌者條列出

霸凌者，擺脫不了家庭陰影的孩子寫上爸媽的名字，還不懂如何面對各種傷痛的人，一再重複雕刻著「兇手」姓名如夢囈。又或許，單純無法忍耐這個世界。

我們如何從淹沒自己的痛苦裡浮起？如何從無盡的恨意中走來？

且讓我引撰稿者 Abby 所寫：

張亦絢說，之所以沒有成為隨機殺人犯，因為命裡剛好出現及時雨，以及藝術：「妳要自己清毒，在個人層次上可能是走不過去的，就是那麼恨啊⋯⋯妳問我藝術文化的影響，影響是大的，只是靠修為太難了。毒的相反⋯⋯血清嗎？藝術不見得可以完全清毒，但至少可以幫忙克制、讓毒不發作。」

這是我想到一切的原點時，所想到的事。

《Wrinkles》收錄十五篇訪問，基底是我們在 BIOS monthly 上定期的人物專訪單元。每個月提案訪問人選，討論最終名單、交涉時間與安排、確認訪綱與拍攝可能，再到搜尋資料、撰寫訪綱、逐字紀錄、完稿、編修⋯⋯這一切的起點，往往來自於某種模糊的感受。採訪發生以前，我們時常只是一個好奇的人，有時，也是得救的人。從一首歌，一句話，一部電影，一個畫面⋯⋯感覺到有某些瑩亮非常的事物出現，體內的毒，因此消退了一些。

如果你也曾在其中活了過來，希望這也是一本禮物。

受訪者致昕是比我們還要經驗豐富、心思細膩的媒體人，他說，眾人常常談記者應該為社會做題目、為弱勢發聲，但其實，記者自己內心也有做題目的需求。在編輯這本書的過程中重讀數次專訪，也漸漸釐清我們是怎樣的人——為怎樣的作品吸引，為怎樣的創作者得到啟發，觸碰到什麼自己想成為，卻無法成為的——原來，訪問裡也可能有某種近似於答案的東西。

十五場訪問，每一場會面，都是我們第一次認識彼此。從數十小時理解對方作品，盡一切可能搜尋對方身家與各種社群上的表達，到第一句：「嗨，你好，我是 BIOS monthly 的○○○」——然後事情往往走向我們意料之外的地方。

像是，永遠在舞台上狂飆的黃宣，談每天總有低電量的時間。像拍時尚照如夢、總讓藝人散發獨特氣質的周墨，拿出了孩子出生的照片，那是攝影師的另外一個視角。像是彰聯帶我們走進從小生活的招牌工廠，與爸爸談起從前招牌還是一項工藝的時代。像少女 A 寫下自己摸摸茶的經驗後，具象化了午場酒店四周的生活圈，買高跟鞋的、買飲料的地方在這裡，那些故事於是立體了起來。像小乙老師談到從前做編輯，在《影響》做題目遇到的事……

有志於創作的讀者，或許會在這本書中找到自己的偶像。

但比起一再強調他們的壯麗與美好，希望這些訪問裡，讓你看見那些我們看見的，更堅固的內裡、更日常的表達。褪去「偶像」遙遠的距離，不為毀神，而是理解一切出自於生活。

《Wrinkles》這個書名來得有些曲折。想像一片平曠原野，突然有些微微的丘陵起伏，或一條河川切落峽谷。想像一塊滑順布料，因折疊誕生光澤。想像肌膚，因紋理而踏實……一篇五千字的專訪，難以窮盡一個人的一生。我們只能折疊起生命的複雜處，那充滿紋理的地方落筆，鏡頭對準日常的呼吸節奏。

書的誕生，也讓我們嘗試了從未做的事——這一次，把詮釋的權利讓渡給受訪者，他們擁有絕對的自由，可以針對過去的專訪刪減、修改、補充說明。實際的成果，正是你在前面所看到的補充。同時，編輯團隊也進行了後記編採，從不同面向看見受訪者的變化。

《Wrinkles》也是時間留下的痕跡。人物專訪是時間的切片，專訪過後，受訪者們依然持續生活，在時間中留下作品，作品裡也留下時間。

或許，我們也能從如何不死，到終於理解生活是什麼。

本刊收錄二〇一八到二〇二一間的訪問，訪問選擇的標準和所有選擇的過程一樣，換了時間，換了地點，換了團隊

成員，或許都會有不同的結果。團隊成員可能也像我一樣，對於「什麼是專訪」「專訪能做什麼」「怎樣才算一篇好的專訪」有過百轉千迴的思考（吧）。

謝謝所有參與的人，以及正在閱讀的你。

## 專訪年表

後休刊生活｜如果你是個廢物——不想工作大使黃麗群的工作心得
原發表於二〇一八年八月二十二日

站成一棵樹，專訪鄭麗君：我們可以留在自己的土地上，說自己的故事
原發表於二〇一九年六月十日

安靜地跑，專注劇平——專訪巫建和，每次回頭的重量
原發表於二〇一九年十一月一日

史上最政治不正確專訪（抖）嗆出觀點來的 Podcast：專訪百靈果 News 凱莉 & Ken
原發表於二〇二〇年四月二十四日

因為喜歡，所以節制——專訪攝影師周墨
原發表於二〇二〇年五月十五日

反正我很閒 EP1｜我們對廢很講究喔！拍片的深度哏，用技術搞笑｜封面故事 2020 輯四
原發表於二〇二〇年七月二十日

算了啦，就這樣啦——專訪導演郭佩萱：那邊太精美了，麻煩再爛一點
原發表於二〇二〇年九月三日

專訪張亦絢：少年少女不知天高地厚，才有機會長成你也接受的大人
原發表於二〇二〇年九月十六日

又沒人跟我講不能這樣做？──專訪洪彰聯，設計師，也是招牌師傅的兒子
原發表於二〇二〇年九月二十日

如果這還不是最終的答案──專訪《報導者》副總編輯劉致昕｜封面故事 2020 輯五
原發表於二〇二〇年九月二十二日

好的壞的對的錯的，那就是生命──專訪黃信堯，《唬爛三小》到《同學麥娜絲》
原發表於二〇二〇年十一月十一日

專訪 YELLOW 黃宣：永遠維持某個狀態的意思，就是死了
原發表於二〇二〇年十一月二十七日

設計承受之輕，專訪林小乙：即便看不見，一樣是存在的
原發表於二〇二〇年十二月十五日

只是用和阿嬤交談的方式寫歌──專訪珂拉琪
原發表於二〇二一年四月二十七日

剛好我們是那種比較沒出息的人──專訪「歡迎光臨午場酒店」少女 A，愛就是很 fuck-up
原發表於二〇二一年六月七日

BIOS monthly
www.biosmonthly.com

出版 _ 碧歐司文化創意顧問股份有限公司
地址 _ 台北市信義區基隆路二段九十一號五樓
信箱 _ biosmonthly@biosgroup.com.tw
電話 _ 02-27397808

發行人 _ 白尊宇 / 總編輯 _ 溫若涵 / 編輯統籌 _ 蕭詒徽 / 視覺統籌 _ 潘怡帆
編輯 _ 陳劭任 / 行銷企劃 _ 陳恩伶 游育寧 / 編輯協力 _ 廖昀靖 吳浩瑋 曾勻之
視覺協力 _ 郝御翔 劉育齊 / 校對 _ 溫若涵 蕭詒徽 陳劭任 廖昀靖 吳浩瑋

書籍設計 _ 莊皓 / 印刷 _ 黎明印刷公司

初版一刷 _ 二〇二一年十二月
精裝定價 _ 新臺幣七百二十元

國家圖書館出版品預行編目資料

Wrinkles：BIOS monthly 專訪選集 2021/BIOS monthly 作 . -- 初版 . --

臺北市：碧歐司文化創意顧問股份有限公司 , 2021.12

384 面 ; 14*20 公分

ISBN 978-626-95463-0-5（精裝）

1. 臺灣傳記 2. 人物志 3. 訪談　783.31　　　110019634